FALTPLAN

## »Schreiben Sie uns!

Wir hoffen, dass Ihnen dieser Reiseführer gefällt und er Ihnen ein guter Begleiter auf einer außergewöhnlichen und spannenden Reise ist.

Weil ein Reiseführer von Erfahrungen lebt, sind wir an Ihren Erlebnissen interessiert: Haben Sie im Buch ein Restaurant entdeckt, das es nicht mehr gibt, eine Sehenswürdigkeit, die wir noch nicht aufgeführt haben, oder eine falsche Adresse? Dann schreiben Sie uns!

**Wir nehmen jeden Hinweis und jede Kritik ernst und arbeiten kontinuierlich daran, die Bücher aktuell zu halten und immer weiter zu verbessern.** Auch wenn wir nicht jeden Wunsch erfüllen können, machen wir uns immer Gedanken über Ihre Anmerkungen.

**Schreiben Sie an:** info@reise-know-how.de oder Reise Know-How Verlag Peter Rump GmbH, Postfach 140666, 33626 Bielefeld

Wenn sich Ihre Infos direkt auf das Buch beziehen, bitten wir um die Angabe der Seitenzahl und der Auflagennummer bzw. des Erscheinungsjahres. Besonders hilfreiche Beiträge belohnen wir mit einem Sprachführer Ihrer Wahl aus unserer „Kauderwelsch"-Reihe.

**Herzlichen Dank und gute Reisen**
**Ihr Reise Know-How Verlag**

Diesem Buch wurde hier ein herausnehmbarer Faltplan beigefügt.
Sollte er beim Erwerb des Buches nicht mehr vorhanden sein, fragen Sie bitte bei Ihrem Buchhändler nach.

## Liebe Leserin, lieber Leser,

ein unabhängiger Verlag für unabhängig Reisende – das sind wir, der Reise Know-How Verlag aus Bielefeld, eines der letzten Familienunternehmen in der Branche. Obwohl wir zu den größten Reiseführerverlagen Deutschlands gehören, ist der familiäre Umgang miteinander in allen Bereichen des Verlagslebens zu spüren: In der Geschäftsführung in zweiter Generation, in einer wertschätzenden Arbeitsatmosphäre, in der Nähe zu unseren frei arbeitenden Autorinnen und Autoren, im engen Austausch mit unseren Leserinnen und Lesern – und auch in der Zusammenarbeit mit Druckereien in Deutschland, in denen wir ausschließlich und regional unsere Bücher produzieren. Die sollen schließlich erst mit Ihnen auf große Reise gehen.

Alles, was wir in unsere Bücher und Landkarten stecken, soll Ihnen eines ermöglichen: Auf Ihre ganz eigene, individuelle Weise die Welt zu entdecken. Wir wünschen Ihnen viel Freude und unvergessliche Erlebnisse mit diesem Reiseführer.

**Es grüßen herzlich**
Peter Rump & Wayan Rump

# Die Innenstadt von morgen

Alle sieben Jahre findet die Heiligtumsfahrt zu den vier im Aachener Dom aufbewahrten Reliquien statt (s. S. 107). Bereits 2021 wäre es wieder soweit gewesen, doch wegen der Coronapandemie musste die Veranstaltung verschoben werden. Vom 9. bis 19. Juni 2023 wird sie endlich nachgeholt. Mehr als 100.000 Pilger werden erwartet – in der Innenstadt wird also einiges los sein.

Letztere ist aber aktuell im Umbruch. Das Parkhaus Büchel in der City wurde abgerissen. Die Fläche soll nicht sofort neu bebaut werden, sondern zunächst als Wiese für Kunst und Kultur genutzt werden. Auch das Viertel um den Theaterplatz [E5], der derzeit von stark befahrenen Straßen umgeben ist, wird umgestaltet. Die nördliche Umfahrt ist für den Individualverkehr bereits gesperrt, erlaubt sind nur noch Busse, Taxen sowie Liefer- und Radverkehr. Im Rahmen der Umbauten wird auch der Kapuzinergraben vom Durchgangsverkehr befreit.

Wie wird die Innenstadt in Zukunft aussehen? Anfang 2023 hat in Aachen der „Zukunftsprozess Innenstadtmorgen" begonnen. Auf einer Onlineplattform, bei Innenstadttreffs und in Werkstätten bzw. Workshops können sich die einzelnen Akteure, darunter z. B. der Einzelhandel, die Rheinisch-Westfälisch Technische Hochschule Aachen (RWTH, s. S. 43) und auch die Bürger, über Ideen und Möglichkeiten austauschen. Wie schafft die Stadt die Mobilitätswende? Wie kann Aachen klimafreundlicher gestaltet werden? Wie sollen die Fußgängerzonen der Zukunft aussehen? Bei all diesen Fragen sind die Bürger gefordert, eigene Impulse einzubringen. Im August 2023 sollen dann die Arbeitsergebnisse vorgestellt werden.

Um dem Leerstand der Läden entgegenzuwirken, hat die Stadt bereits das neue Projekt „Ladenliebe" gestartet: Wer eine Idee für ein Geschäft hat, wendet sich an die Stadt. Wird die Idee für gut befunden, tritt die Stadt als Hauptmieterin auf und übernimmt bis Ende 2023 bis zu 80 Prozent der Miete. So soll die Entstehung neuer Läden gefördert und die Altstadt attraktiver gemacht werden.

## Die Autorin

**Christine Krieb** hat längere Zeit in der Grenzregion Aachen, Niederlande und Belgien gearbeitet und dabei Aachen sowie die Umgebung der Stadt sehr gut kennengelernt. Inzwischen lebt sie in Düsseldorf und besucht von dort aus immer wieder gern die Kaiserstadt mit ihrer bis heute lebendigen Geschichte. Als Journalistin und zuweilen auch als Reiseleiterin war sie in ganz Europa unterwegs. Als ausgebildete Stadtführerin konnte man sie viele Jahre in Düsseldorf und an weiteren interessanten Orten in Nordrhein-Westfalen treffen.

120aa-ck

CITY|TRIP

# AACHEN

## Inhalt



*Aachens Skyline (von links nach rechts): Dom 1, St. Foillan 14 und Rathaus 4*

### Cleveres Nummernsystem

Die Sehenswürdigkeiten sind im Text und im Kartenmaterial mit derselben **magentafarbenen ovalen Nummer** ❶ markiert. Alle anderen Lokalitäten wie Geschäfte, Restaurants usw. tragen ein **Symbol und eine fortlaufende rote Nummer** (**1**). Die Liste aller Orte und die Zeichenerklärung befinden sich im Anhang.

### Der Schmetterling ...

... zeigt an, wo man Angebote im Bereich des nachhaltigen Tourismus findet.

### Bewertung der Sehenswürdigkeiten

★★★ nicht verpassen
★★ besonders sehenswert
★ wichtig für speziell interessierte Besucher

### Planquadrat im Kartenmaterial

[A1] Orte ohne diese Angabe liegen außerhalb unserer Karten. Ihre Lage kann aber wie die aller Ortsmarken mithilfe der begleitenden Web-App angezeigt werden (s. Anhang).

## Vorwahlen

- für Aachen: 0241
- für Deutschland: 0049

## Updates zum Buch

www.reise-know-how.de/citytrip/aachen23



*Karl der Große (s. S. 24) ist in Aachen überall präsent – so wie hier vor dem Rathaus 4 (080aa Abb.: ©engel.ac, stock.adobe.com)*

# NICHT VERPASSEN!

### 1 Dom [D5]

Über 1200 Jahre ist das Zentrum des Doms alt: In der farbenfrohen, achteckigen Pfalzkapelle im byzantinischen Stil wurden mehr als 30 deutsche Könige gekrönt (s. S. 18).

### 2 Domschatzkammer [D5]

Mehr als 100 kostbare Kirchenschätze präsentiert die Sammlung der Domschatzkammer, darunter das mit unzähligen Edelsteinen besetzte Lotharkreuz, das bei Krönungen vorangetragen wurde, und die silbern-goldene Karlsbüste (s. S. 22).

### 4 Rathaus [D4]

Das Rathaus wurde auf den Grundmauern eines karolingischen Palastbaus Karls des Großen errichtet. Ab dem 10. Jahrhundert fanden hier die Festmähler nach den Krönungen statt (s. S. 26).

### 6 Couven-Museum [E4]

Das Gebäude wurde 1786 von Jakob Couven gestaltet, dem Sohn des bekannten Aachener Architekten Johann Joseph Couven. Das Museum ist der bürgerlichen Wohnkultur des 18. und 19. Jahrhunderts gewidmet (s. S. 30).

### 8 Der Hof [E4]

Auf dem kleinen Platz finden sich Bauwerke aus unterschiedlichen Epochen, angefangen bei den Römern. Zahlreiche Cafés und Restaurants nutzen den beliebten Treffpunkt bei schönem Wetter als Außenterrasse (s. S. 32).

### 12 Elisenbrunnen [E5]

Aachen ist schon seit der Antike für sein Heilwasser bekannt. Das Wasser der Kaiserquelle ist allen zugänglich (s. S. 35).

### 26 Ludwig Forum für Internationale Kunst [I2]

Auf 6000 m² warten hier Werke zeitgenössischer Künstler auf Besucher: von Andy Warhol bis Ai Weiwei (s. S. 50). Im Innenhof kann man auch Kunstwerke unter freiem Himmel bestaunen.

081aa Abb.: ©rcfotostock, stock.adobe.com

# Willkommen in Aachen

*In der Altstadt liegen die meisten Highlights nahe beieinander und lassen sich gut zu Fuß erkunden. Dieser historische Teil der Stadt lockt mit zahlreichen Sehenswürdigkeiten, schönen Plätzen und vielen gemütlichen Cafés und Restaurants.*

Zwei Straßenringe umschließen die Altstadt von Aachen. Unter Friedrich I. Barbarossa wurde die Altstadt von einer Mauer umgeben, die daher auch Barbarossamauer genannt wird. Der innere Straßenring verläuft entsprechend der Stadtmauer, die mit einem Graben ausgestattet war. Die meisten Sehenswürdigkeiten liegen in der Altstadt bzw. innerhalb des Alleenrings.

Der zentrale Verkehrsknotenpunkt ist der 1827 ausgebaute **Elisenbrunnen** (12), an dem fast alle Busse halten. In der Rotunde des Elisenbrunnens kann man Heilwasser verkosten. Im linken Flügel des Gebäudes befindet sich die Tourist Info Elisenbrunnen (s. S. 115).

Das **Pontviertel**, das Studentenviertel, liegt im Nordwesten des Stadtzentrums. Es erstreckt sich vom **Markt** (5) über die Pontstraße bis zum **Ponttor** (18). Hier liegen die Gebäude der Rheinisch-Westfälischen Technischen Hochschule Aachen (s. S. 43), insbesondere das Hauptgebäude **SuperC** (17) sowie zahlreiche Kneipen und Cafés. Sehenswert ist vor allem auch das **Internationale Zeitungsmuseum** (16). Dort ist mit mehr als 200.000 internationalen Zeitungen aus fünf Jahrhunderten eine der umfangreichsten Zeitungssammlungen weltweit untergebracht.

Weitere Viertel, die sich außerhalb des Alleenrings befinden, kann man entweder zu Fuß erreichen oder den Bus nutzen. Die Buslinien 3 und 13 fahren entlang dem Alleenring – vorbei am **Ponttor** (18) im Norden, dem **Marschiertor** (20) im Süden sowie vielen anderen Sehenswürdigkeiten, die auf dem äußeren Ring liegen, wie z. B. dem **Lousberg** (22).

Mit Bussen kommt man auch gut ins **Frankenberger Viertel** (27) mit seinen vielen Jugendstilhäusern oder nach **Burtscheid** (28) (im Süden gelegen), einem früher eigenen Kurort mit heißen Quellen. Bis heute hat sich dieses Stadtviertel seine Eigenständigkeit bewahrt: mit Kuranlagen, einem Kurgarten, zwei sehenswerten Kirchen auf dem Michaelsberg, schönen Cafés und dem bei Familien und Kindern beliebten Ferberpark (s. S. 54).

082aa Abb.: ©Bernhard Küpper, stock.adobe.com

*Vorseite: Der Aachener Dom (1) ist nicht nur von außen imposant, sondern beeindruckt auch durch sein Inneres*

# Kurztrip nach Aachen

*Im Zentrum der Aachener Alstadt liegt die Pfalzanlage Karls des Großen mit dem Dom, dem Katschhof und dem Rathaus. Kaiser Friedrich Barbarossa I. ließ 1172 die erste Mauer um die heutige Altstadt errichten, eine zweite folgte ab 1270. Die meisten Sehenswürdigkeiten befinden sich innerhalb dieses doppelten Mauerrings. Aber auch außerhalb des Rings liegen einige interessante Viertel bzw. Orte, die einen Besuch wert sind, insbesondere Burtscheid, der Lousberg und der Dreiländerpunkt.*

*Blick vom Dom 1 auf den kleinen Münsterplatz*

*Das Ponttor 18, eins von nur zwei erhaltenen historischen Stadttoren*

## 1. Tag – in der Altstadt

### Vormittags

Aachen ist vor allem für seinen **Dom** 1 bekannt. Die Besichtigung des UNESCO-Weltkulturerbes gehört deshalb in jedem Fall zu einem Besuch der Stadt dazu. Auf dem Münsterplatz findet samstags von 9 bis 14 Uhr ein Markt statt. Viele Aachener nutzen das Angebot und kaufen bei den Bauern Obst, Gemüse (auch in Bioqualität) und verschiedene selbstgemachte Produkte. Beliebt ist auch der **Markt am Rathaus** 5 mit seinen vielen Kneipen und Cafés. Hier trifft man sich auf einen Kaffee und hat einen guten Blick über den Platz, den zentralsten von ganz Aachen. Wer möchte, kann noch einen Blick in das Rathaus werfen und bei einer Besichtigung den Festsaal bewundern.

## Das gibt es nur in Aachen

› **Karlspreis:** Seit 1950 wird in Aachen jedes Jahr der Karlspreis an eine Persönlichkeit oder Institution verliehen, die sich aktiv für die Verständigung in Europa einsetzt. Damit ist es der älteste Preis, der das Engagement für Europa auszeichnet. Aachener Bürger hatten ihn im Jahr 1949 ins Leben gerufen. Initiiert wurde er von dem CDU-Politiker Kurt Pfeiffer, Mitglied der Übergangsregierung Aachens 1944, um den Zusammenschluss der europäischen Länder zu stärken. Benannt ist der Preis nach Karl dem Großen, der quasi als erster Herrscher Europa einte. Der Preis besteht aus einer Urkunde und einer Medaille mit einem dem Preisträger gewidmetem Text. Mehr als 50 Persönlichkeiten haben den Preis bisher erhalten. Er wird jedes Jahr an Christi Himmelfahrt im Krönungssaal des Aachener **Rathauses** 4 übergeben. Bis 2007 war der Preis zudem mit 5000 Euro dotiert, doch seit 2008 gibt es noch den Europäischen Jugendkarlspreis, dessen Preisträger seitdem das Preisgeld des Karlspreises erhält. Der Jugendpreis wendet sich an Menschen zwischen 16 und 30 Jahren und wird jedes Jahr zwei Tage vor dem Karlspreis überreicht.

› **Printen:** Die Aachener Printen sind eine regionale Spezialität und als traditionelles Brot für die Pilgerfahrt entstanden. Frisch gebacken sind sie sehr fest, man könnte auch hart sagen. Als gut haltbares Brot wurden sie auf die Pilgerfahrt oder sonstige Reisen mitgenommen. Anfangs wurden die Printen in sogenannten Holzmodeln gefertigt. Die klassischen Printen sind fest und ohne Überzug, inzwischen finden sich jedoch auch zahlreiche Varianten mit Überzug aus Zucker oder Schokolade (Bitter, Vollmilch, Weiß), zum Teil mit Mandeln oder Nüssen. Die Grundzutaten sind Mehl, Gewürze und Süßungsmittel – mal gesüßt mit Honig, mit Kandiszucker oder mal mit Zuckerrübensirup, wobei das Rezept aber je nach Bäckerei variiert. Auf dem Weihnachtsmarkt von 1998 wurde mit 20 Metern die längste Printe der Welt angeschnitten.

**Kulturinteressierten** hat Aachen eine ganze Menge zu bieten: Hier wären zum einen die vielen Museen wie das **Centre Charlemagne** (s. S. 110) zu nennen, das als Stadtmuseum fungiert und zugleich über Karl den Großen informiert. Es verfügt über eine Dauerausstellung, einen Raum für Wechselausstellungen und ein Geschichtslabor. Dabei handelt es sich um einen interaktiven Ort des Lernens, der sowohl für große als auch für kleine Besucher interessant ist. Beliebt ist auch das **Couven-Museum** 6 am Hühnermarkt. Hier sieht man, wie die wohlhabenden Bürger – in diesem Fall ein Apotheker mit seiner Familie – im 18. und 19. Jh. lebten. Für Kinder ist vor allem die alte **Apotheke** selbst interessant, in der einst die erste Schokolade in Aachen verkauft wurde. Für an Presseerzeugnissen Interessierte bietet sich das **Internationale Zeitungsmuseum** 16 in der Pontstraße an. Hier kann man nicht nur

- **CHIO (Concours Hippique International Officiel):** Es ist das Weltfest des Pferdesports und findet seit 1924 regelmäßig in Aachen statt. Die Stadt ist der einzige Ort in Deutschland, an dem dieses Festival stattfinden darf. So will es das Reglement der Internationalen Reiterlichen Vereinigung (FEI), das jedem Land nur einen Austragungsort erlaubt. Der Wettbewerb umfasst die Disziplinen Springreiten, Dressurreiten, Fahren sowie Vielseitigkeitsreiten und Voltigieren. Die Veranstaltung wird im Reitstadion des **Sportpark Soers** 23 ausgetragen, Veranstalter ist der Aachen-Laurensberger Rennverein (www.chioaachen.de).
- **Orden wider den tierischen Ernst:** Der 1950 ins Leben gerufene Orden wird an Persönlichkeiten verliehen, die sich in ihrem Amt durch Humor und besonders menschliches Verhalten ausgezeichnet haben. Erster Ordensträger war der britische Militärstaatsanwalt James Arthur Dugdale, der einem Delinquenten in der Umgebung von Aachen Amnestie gewährte. Der Mann war nach einer Kneipenschlägerei verurteilt worden und durfte einige Tage früher das Gefängnis verlassen, um den Karneval mitzufeiern. Seitdem haben viele bekannte Persönlichkeiten den Orden erhalten, z. B. Konrad Adenauer (1959), Kardinal Lehmann (2005) oder Fürstin Gloria von Thurn und Taxis (2008). Der Orden wird jedes Jahr als Karnevalsshow im Eurogress (s. S. 82) vom Aachener Karnevalsverein verliehen. Im Fernsehen kann man das Ereignis mitverfolgen.

*Der Fröhliche Hengst von Gerhard Marcks (s. S. 67)*

004aa Abb.: ck

Druckerzeugnisse aus fünf Jahrhunderten bewundern, sondern auch im angeschlossenen Café „oronero“ bei einem Cappuccino eine Zeitung lesen. Für Kinder besonders interessant ist der **Puppenbrunnen** in der Krämerstraße 7 mit den für Aachen typischen Figuren, die sich auch bewegen lassen. In jedem Fall sollte man in der Krämerstraße das Angebot an Süßwaren in Augenschein nehmen und beispielsweise die Spezialität Aachens, die Printen, verkosten.

## Nachmittags

Der Nachmittag bietet sich für einen kleinen **Einkaufsbummel** an. Vom **Fischmarkt** 15 zweigt die kleine Annastraße [D5] ab, die wegen ihrer Läden mit exquisiten Accessoires, Schmuck, einem Antiquariat mit historischer Inneneinrichtung und dem italienischen Feinkostladen bei den Aachenern zum Einkaufen beliebt ist. Weitere Einkaufsmöglichkeiten finden sich in der Adalbertstraße [F5]. Die reine **Fußgängerzone** ist eine der längsten Shoppingmeilen Aachens. Auch die Geschäfte am **Elisenbrunnen** 12, zum Beispiel in der Elisengalerie, locken Kauflustige mit einem breiten Angebot. Schöne Läden gibt es zudem in der Altstadt, zum Beispiel in der Krämerstraße [E4] oder im Pontviertel (s. S. 41).

### Abends

Für den Abend bietet sich das Pontviertel (s. S. 41) an, das Studentenviertel von Aachen. Hier reiht sich ein Lokal an das andere – Cafés, Restaurants, Kneipen und Bars. Leckeres Essen gibt es im Konak (türkische Feinkost, s. S. 71) oder in der Vertical Weinbar (s. S. 79). Aachen verfügt neben seinen großen Theatern (s. S. 81) weiterhin über eine beträchtliche Anzahl kleinerer Bühnen (s. S. 81), sodass zum Abschluss des Tages besonders ein Theaterbesuch empfohlen werden kann.

## 2. Tag – außerhalb der Stadtmauer

### Vormittags

Am besten beginnt man den Tag bei einem leckeren Frühstück im Pontviertel, Aachens Quartier Latin. (s. S. 41). Die Auswahl an guten Frühstücksmöglichkeiten ist recht groß, zum Beispiel im Café Egmont (s. S. 75), im Café Kittel oder im Magellan (s. S. 72).

Wer Lust auf einen Spaziergang hat, kann zum **Lousberg** 22 laufen und von dort den fantastischen Blick über die Stadt genießen. Der Bürgerpark stellt mit 264 Metern die höchste Erhebung in der Stadt dar. Auch mit dem Bus (Bus Nr. 3A, 13A oder 3B, 13B) erreicht man die Haltestelle Ehrenmal/Lousberg [D2]. Dort führt ein Weg hoch auf den Lousberg. Das Monument „Der Teufel und das Marktweib“ erinnert an eine Sage, wie der Lousberg und der gegenüberliegende Salvatorberg entstanden sein sollen (s. S. 47). Am Platz beim Obelisken [D1] auf dem Plateau geht der Blick über den Talkessel von Aachen, zum Tivoli sowie zum Reitstadion und **Sportpark Soers** 23.

Wieder zurück an der Haltestelle, würde sich jetzt ein Besuch im **Ludwig Forum für Internationale Kunst** 26 anbieten. Peter und Irene Ludwig haben eine außergewöhnliche Sammlung moderner Kunst des 20. Jahrhunderts zusammengetragen. Wer es lieber sportlich mag: Im Stadtgarten liegen die Carolus-Thermen (s. S. 121), ein modernes Wellness-Bad mit verschiedenen Wasserattraktionen, Außenbecken und Sauna.

### Nachmittags

Für den Nachmittag lohnt sich ein Besuch in **Burtscheid** 28. Unter den Römern hieß es Burcido und wird wegen seiner heißen Thermalquellen schon seit vielen Jahrhunderten genutzt. Das Stadtviertel ist gut mit dem Bus zu erreichen (Bus 1, 11, 21, 30, 36, 46, 103, Haltestelle Rosenquelle). Burtscheid hat eigene Kuranlagen und einen **Kurgarten**, in dem es sich schön sitzen lässt. Auf dem **Michaelsberg** erheben sich St. Michael und St. Johann. Durch das Abteitor gelangt man zum Burtscheider Markt.

Wer Hunger auf Kaffee und Kuchen hat, der kann im Café Lammerskötter (s. S. 76) einkehren. Die Kuchen und das Frühstück sind hier ausgesprochen lecker und bei schönem Wetter kann man draußen sitzen.

005aa Abb.: hg

Die Kapellenstraße entlang geht es zum **Ferberpark** (s. S. 54) der vor allem bei Familien mit Kindern sehr beliebt ist, denn hier gibt es mitten in dem kleinen Park einen großen Spielplatz. Auch das Ferbers (s. S. 76), ein modernes Café, liegt hier.

Wer der Großstadt entfliehen möchte, dem bietet sich ein Besuch des **Dreiländerpunktes** 31 an. Der auf Holländisch *Drielandenpunt* genannte Ort befindet sich 5 km im Westen von Aachen. Dort stoßen die Ländergrenzen von Deutschland, Belgien und den Niederlanden aneinander, sodass Besucher gleichzeitig in drei Ländern stehen können. Vom Wilhelminaturm hat man eine gute Aussicht über die drei Ländergrenzen, auch das in der Parkanlage angelegte Heckenlabyrinth macht Spaß und stellt so manchen Orientierungssinn auf die Probe.

*Das beliebte Viertel Burtscheid 28 mit gemütlichen Cafés und Restaurants*

### Abends

Den Abend kann man in einem der traditionellen Lokale in der Altstadt ausklingen lassen, zum Beispiel im Ratskeller (s. S. 73) am **Rathaus** 4 oder im Living Room (s. S. 77) am **Hof** 8.

# Stadtspaziergang

Die Tour beginnt am Aachener **Dom** ①, dessen Haupteingang an der westlichen Seite des Kirchengebäudes liegt. Der Spaziergang dauert etwa drei Stunden, wobei Besuche in Museen bzw. Besichtigungen im Dom oder Rathaus nicht mitgerechnet sind. Durch den Domhof betritt man den Dom. Schräg gegenüber befindet sich die Dominformation der Domschatzkammer, in der man Tickets für Domführungen (nur so kann man den Thron von Karl dem Großen sehen) und die Domschatzkammer kaufen kann. **Dom** ①, **Rathaus** ④ und der zwischen beiden Gebäuden gelegene **Katschhof** ③ waren Teil der Pfalzanlage Kaiser Karls des Großen. Später wurde die Pfalzkapelle, eine Marienkirche, durch verschiedene Kapellen erweitert.

Vom Ausgang des Domes auf der Westseite geht es rechts weiter in die Johannes-Paul-II.-Straße. Hier befindet sich die Domschatzkammer, die zahlreiche unschätzbare Güter enthält. Man geht um die Domschatzkammer herum und biegt rechts in den **Katschhof** ③, den einzigen rechteckigen Platz der Altstadt, auf dem öffentliche Veranstaltungen stattfinden. Vom Katschhof geht es Richtung **Rathaus** ④. Dabei fällt an der Terrasse zum Rathaus ein Garten auf, Karls Kräutergarten (s. S. 23). Er wurde 1965 angelegt, und zwar nach den Vorgaben der karolingischen Länderverordnung von 831.

**Routenverlauf im Stadtplan**
Der hier beschriebene Spaziergang ist mit einer farbigen Linie im Stadtplan eingezeichnet.

Am Kräutermarkt vorbei biegt man am **Markt** ⑤ rechts ab und steht nach ein paar Schritten direkt vor dem Eingang des **Rathauses** ④, das im 14. Jahrhundert auf den alten karolingischen Grundmauern errichtet wurde und in dem bis heute der Stadtrat tagt. Der Markt ist ein beliebter Treffpunkt mit zahlreichen Cafés und Restaurants. Auf dem Markt steht der **Karlsbrunnen**, der Kaiser Karl den Großen in einer idealtypischen Darstellung zeigt. Ihm gegenüber liegt eine Reihe historischer Häuser, einige davon sind Gaststätten (s. Goldener Schwan S. 69, Zum Goldenen Einhorn, S. 69). Das Eckhaus rechts daneben, **Haus Löwenstein** (s. S. 62), ist das älteste Stadthaus Aachens. Es stammt noch aus dem 14. Jahrhundert und beherbergt ein Archiv und Museum über den Karneval in Aachen.

Vom **Markt** ⑤ aus gehen wir rechts um das Rathaus herum in die Krämerstraße. Bevor wir ihr jedoch geradeaus folgen, machen wir noch einen kurzen Abstecher nach links zum **Hühnermarkt** [E4], an dessen Brunnen sich die schöne Skulptur des Hühnerdiebs befindet (s. S. 38). Aachen ist für seine Brunnen bekannt. Der Hühnerbrunnen gehört zu einer ganzen Reihe von Brunnen, die mit einer Skulptur verschönert wurden. Am Hühnermarkt befindet sich auch das **Couven-Museum** ⑥, das Besuchern einen Eindruck vom Leben des Aachener Großbürgertums im 18. und 19. Jahrhundert vermittelt (Rokoko, Klassizismus, Empirestil und Biedermeier). Benannt ist das Haus nach Johann Joseph Couven, dem bekannten Aachener Architekten, und seinem Sohn, Jakob Couven, der es 1778 neu gestaltet hat. Links im Haus ist noch die **Apotheke** mit ihrer alten Einrichtung zu sehen. Hier wurde

1857 die erste Tafelschokolade hergestellt und verkauft. Wir gehen vom Couven-Museum wieder zurück auf die Krämerstraße und können noch einen Blick auf den **Granusturm** werfen, dem älteren der beiden Rathaustürme. Links von ihm befindet sich das Standesamt. An der Fassade ist die **„Farbleiter“** von Peter Lacroix befestigt. Sie besteht aus zwei Farbflächen aus grünen und roten Streifen, die sich über die gesamte Höhe des Gebäudes ziehen. Das Werk nimmt am Projekt „Kunst im öffentlichen Raum in NRW“ teil (s. S. 65). Man folgt der Krämerstraße, eine beliebte Einkaufsstraße, bis zum **Puppenbrunnen** 7. Vor allem Naschkatzen finden hier ein reiches Angebot. Printen gibt es bei Klein und Nobis (s. S. 84).

Der Puppenbrunnen zeigt typische Figuren des Aachener Lebens. Dort biegen wir links in den **Hof** 8 ein, ein kleiner Platz, der von historischen Gebäuden, einem römischen Säulengang, dem Portikus, sowie vielen Cafés und Restaurants gesäumt wird. Von dort geht es weiter in die **Körbergasse** 9, in der sich früher die Werkstätten und Läden der Korbmacher befanden. Heute ist davon nur noch der Laden Korbwaren Bayer (s. S. 89) übrig. Drei Häuser aus dem 17. Jahrhundert wurden zusammengelegt und bilden die Alt Aachener Kaffeestuben Van den Daele (s. S. 74). Von diesem Café aus biegt man rechts um die Ecke in die Staße Am Büchel und stößt dabei auf eine Skulptur, das **Printenmädchen** 9. Es hält eine Printe (s. S. 10, eine typische Spezialität

> *Blick vom Aachener Dom* 1 *auf den Domhof*

## Aachen als Kurort

Aachen ist eigentlich ein anerkannter Kurort, der offiziell Bad Aachen heißen könnte. Diese Bezeichnung findet sich nur kaum bei öffentlichen Auftritten der Stadt, denn sie möchte ihren strategisch günstigen Platz bei Auflistungen – mit „Aa" als Namensbeginn liegt sie weit vorn – nicht aufgeben. Doch spielen Thermen, Wasser, Kuranlagen eine wichtige Rolle in Aachen. Bereits die Römer nutzten die Heilwirkung des Wassers und bauten Thermen. Am **Hof** 8, einem der zentralen Plätze der Altstadt, fand man bei Ausgrabungen Überreste einer Thermenanlage.

Auch Karl der Große (s. S. 24) schätzte die lindernde Wirkung des Wassers und dessen wohltuende Stärkung war vermutlich ein wichtiger Grund, warum er sich für Aachen als seinen späteren Wohnort entschieden hat. Seit 765 nutzte er die Pfalzanlage als Standort im Winter und blieb schließlich das ganze Jahr.

Schon der älteste überlieferte Name für Aachen **„Aquis"** verweist auf die Bedeutungdes Heilwassers für die Stadt. Weitere Zugänge zu Quellen wurden im Laufe der Zeit erschlossen. Es entstanden Kuranlagen und Hospitäler. Vor allem der bekannte Badearzt **Franciscus Blondel** (1613–1703) regte nach dem großen Stadtbrand 1656 (s. S. 100) an, die Kur- und Heilquellen zu nutzen und aus Aachen ein Bad zu machen. Das Wasser diente sowohl der inneren wie der äußeren Anwendung. Es half bei Rheuma, Hautkrankheiten, Asthma und vielen anderen Leiden.

Das damalige Kurzentrum lag in der Komphausbadstraße [F4] und diente als luxuriöser Kurort für die **Prominenz Europas.** Weitere Kurhäuser, Bäder, Trinkbrunnen usw. entstanden im 18. und 19. Jahrhundert. Aachen entwickelte sich zu einem mondänen Kurort, in Theatern, Ballsälen und Gärten war immer für Unterhaltung gesorgt. Im Ersten Weltkrieg entstand jenseits der Stadtmauer eine neue Kuranlage mit Kurhaus und Luxushotel – das heutige Pullman Aachen Quellenhof (s. S. 125). Einige der Kuranlagen wurden im Zweiten Weltkrieg zerstört. Weitere wurden in den letzten Jahrzehnten geschlossen.

Das **mineralhaltige Thermalwasser** tritt in der Stadt an 30 verschiedenen Stellen an die Oberfläche, wobei diese jeweils meist überbaut oder – beispielsweise mit Kanaldeckeln – abgedeckt sind. Das Heilwasser kann man am **Eli-**

der Stadt und ursprünglich das traditionelle Pilgerbrot, in den Händen. Weiter geht es am Büchel hinunter Richtung Norden auf einen kleinen Platz, wo sich links ein Brunnen mit einem Ungeheuer darauf befindet, der **Bahkauv-Brunnen** (s. S. 38). Schräg gegenüber sieht man einen modernen Bau: **Das Kaiserbad** mit der darunter liegenden Kaiserquelle. Um sie zu nutzen, hat man früher darüber ein Badehaus errichtet. Heute ist es kein Bad mehr, sondern das Schülercafé Aachenfenster. Wer die Treppen in den Innenhof hinaufsteigt, kommt auf den „Platz für Wasserkunst". Von hier sieht man – wie durch ein Fenster – den Aachener Dom und die Kirche St. Foillan. Am Büchel geradeaus geht es in die Buchkremerstraße, an der Mayerschen Buchhandlung (s. S. 88) vorbei und dann links in die Ursulinerstraße. Wo die Straße auf den Holzgraben trifft, steht links

**senbrunnen** (12) verkosten, der auch der einzige offene Brunnen der Stadt ist. Es ist das Wasser der Kaiserquelle mit einer schwefelhaltigen Natrium-Chlorid-Hydrogencarbonat-Quelle. Im Wasser befinden sich auch Schwefelwasserstoff und Sulfide. Deshalb riecht es nach „faulen Eiern“. Die Kaiserquelle ist ca. 52 °C heiß.

Der zweite Standort sind die Quellen in **Burtscheid** (28). Das Wasser kommt **aus 3000 Metern Tiefe** und enthält hohe Anteile an Mineralien und Salzen, die es auf dem Weg zur Oberfläche aus dem Gestein aufgenommen hat. Da das Wasser ohne technische Hilfe an die Oberfläche tritt, handelt es sich um artesische Quellen. Die Burtscheider Quellen sind ca. 7 °C heiß. Damit gehören sie zu den heißesten in Mitteleuropa. Da die Quellen heißer sind als die im Zentrum von Aachen, bilden sie keinen Schwefelwasserstoff und es fehlt der Geruch nach „faulen Eiern“.

In Burtscheid gibt es Spezialkliniken für die verschiedensten Leiden. Zu den wichtigsten Quellen gehören dort die Landesbadquelle (70 °C), die Schwertbadquelle (70 °C) und die Rosenquelle (61,2 °C). Die Carolus-Thermen (s. S. 121) sind ein reines Freizeit- und Wellnessbad.

die **Klenkes-Skulptur** (10). Sie zeigt Kinder mit einem abgespreizten kleinen Finger und erinnert daran, dass in Aachen viele Kinder in der Nadelindustrie gearbeitet haben. Der **Busunterstand** (s. S. 66) gegenüber ist von Peter Eisenmann und nimmt am Projekt „Kunst im öffentlichen Raum in NRW“ teil. Am **Elisenbrunnen** (12) kann man in der Rotunde das Heilwasser verkosten. Es fließt aus zwei Hähnen in Granitbecken. Wer kein Trinkgefäß dabei hat, kann sich einen zusammenfaltbaren Becher, der in einer Plastikverkleidung verschwindet und so in jede Handtasche passt, in der Tourist Info Elisenbrunnen (s. S. 115) im linken Flügel der Anlage kaufen.

Durch den Elisengarten gelangt man zur archäologischen Vitrine. Hier werden Funde präsentiert, die man bei Ausgrabungen entdeckt hat und die die Geschichte der Stadt in ihren frühen Anfängen dokumentieren. Der **Elisengarten** (s. S. 37) ist eine der wenigen Grünflächen in der Innenstadt. Er eignet sich für eine kurze Pause. Am oberen Ende des Elisengartens befindet sich der Brunnen Kreislauf des Geldes (s. S. 38). Von dort geht es links weiter zum **Münsterplatz** (13). Ein kurzer Abstecher – bei der Bäckerei Nobis (s. S. 84) rechts ab – lohnt sich zur Kirche **St. Foillan** (14). Sie war die erste Bürgerkirche der Stadt. Besonders schön sind die neuen Kirchenfenster von Wilhelm Buschulte. Auf dem Münsterplatz findet samstags der Markt statt. Weitere Veranstaltungen sind z. B. im Frühjahr der Antiquitätenmarkt oder in der Vorweihnachtszeit der Weihnachtsmarkt. Über den Münsterplatz, am Vinzenzbrunnen und Möschebrunnen vorbei, führt ein kleiner Weg zum Fischmarkt. Links liegt das **Grashaus** (15), das aufwändig renoviert und zum Europahaus umgestaltet wurde. Rechts ums Eck befindet sich der Eingang zum Dom. Hier steht der Brunnen mit dem Fischpüddelchen, hinter dem sich die Johanneskapelle, eine ehemalige Taufkapelle, befindet, die 1766 auf den gotischen Mauerresten im barocken Stil neu errichtet wurde. Eine Muschel in der Mauer verweist darauf, dass Aachen eine Station auf dem Jakobsweg ist.

# Altstadt

## 1 Dom ★★★ [D5]

*Karl der Große ließ die Pfalzkapelle um 800 errichten. Der achteckige Zentralbau, in dem sich der Sarg des Herrschers befindet, ist Mittelpunkt des Doms. Hier wurden mehr als 30 deutsche Könige gekrönt. Zahlreiche Pilger zieht es seit Jahrhunderten zu den Reliquien im Dom. 1978 wurde der Dom als erstes deutsches Bauwerk zum UNESCO-Weltkulturerbe erklärt.*

783 begann unter der Herrschaft Karls des Großen (s. S. 24) der Bau der Pfalzkapelle. Sie ist Teil der Pfalzanlage zusammen mit dem Rathaus und dem dazwischen liegenden Katschhof. 805, fünf Jahre nach der Kaiserkrönung Karls des Großen in Rom, wurde die **achteckige Pfalzkapelle** (Oktogon) eingeweiht. Sie ist nach byzantinischem Vorbild errichtet und stellt eine architektonische Meisterleistung der damaligen Zeit dar. Das Oktogon wird von einem Arkadengang mit acht Eckpfeilern umrundet. Säulen und Marmor hatte Karl der Große aus Rom und Ravenna kommen lassen. Auf den Arkadengang stützt sich eine zweistöckige Galerie.

Auf der Empore steht der **Königsthron** aus antiken Steinen, der nur im Rahmen einer Führung besichtigt werden kann. Er ist auffällig schlicht und einfach gestaltet und besteht aus Marmorplatten, die aus der Grabeskirche in Jerusalem stammen.

Eine mit **Mosaiken** verzierte Kuppel überspannt den ganzen Raum. Das Kuppelmosaik entstand 1880 bis 1914 nach karolingischem Vorbild (das Original ist vermutlich um 800 entstanden). Es wurde nach Plänen von Jean-Baptiste Béthune von dem italienischen Mosaikmeister Salvati entworfen. Es zeigt Christus als Weltenherrscher, die Apostel und die vier Evangelisten. Letztere werden symbolisch dargestellt: nämlich ein Mensch für Matthäus, ein Adler für Johannes, ein Stier für Lukas und ein Löwe, der für Markus steht. Mit 31 Metern Höhe und ca. 15 Metern Durchmesser war die Kuppel, damals die größte ihrer Art nördlich der Alpen.

Nach dem Tod Karls des Großen 814 wurde dieser in der Kapelle beerdigt. In den folgenden Jahrhunderten diente sie zwischen 936 und 1531 als **Krönungskirche** für mehr als 30 Könige und 12 Königinnen. In der „Goldenen Bulle“ von 1356 wurde die deutsche Königskrönung in Aachen als traditioneller Brauch bezeichnet und für die Zukunft festgelegt. Der erste König war Otto I., „der Große“. Von Kaiser Friedrich Barbarossa, der Karl den Großen heiligsprechen ließ und ihm den Namenszusatz „der Große“ gab, stammt der kupferne, **vergoldete Radleuchter** mit 48 Kerzen, die zu besonderen Anlässen angezündet werden. Der Kranz und die 16 turmartigen Laternen des Leuchters deuten eine Stadtmauer mit Stadttoren an und symbolisieren das himmlische Jerusalem. Der Kranz wurde um 1165 von Kaiser Friedrich I. und seiner Frau Beatrix von Burgund gestiftet.

Der **Marienschrein** von 1239 hat die Form einer einschiffigen Basilika mit einem kurzen Querhaus. In der Mitte der Schauseite ist Maria mit dem Jesuskind, beide mit einer Krone, dargestellt. Ihnen gegenüber ist Karl der Große, auf der rechten Stirnseite schließlich Christus und auf der linken Papst Leo III. (ca. 750–816) zu

sehen. Auf den Längsseiten sind die zwölf Apostel mit ihren jeweiligen Namen darüber dargestellt. Die Dachflächen zeigen Szenen aus dem Leben Jesu, von der Ankündigung seiner Geburt bis zur Grablegung. Der Schrein ist mit einem Schloss verschlossen, das nach Aachener Brauch mit Blei ausgegossen und dessen Schlüssel von zwei Goldschmiedemeistern zersägt wird. Zu Beginn einer jeden Heiligtumsfahrt wird das Schloss dann zerschlagen und in der Domschatzkammer aufbewahrt. Für jede neue Heiligtumsfahrt wird ein neues kunstvolles Schloss geschmiedet.

Die Reliquien im Marienschrein ziehen zahlreiche Pilger an: das Kleid Mariens, die Windel und das Lendentuch Jesu sowie das Enthauptungstuch Johannes des Täufers (s. Exkurs S. 108). 1349 findet zum ersten Mal die **Heiligtumsfahrt** (s. S. 107) statt, bei der die Reliquien öffentlich gezeigt werden. Da die Pfalzkapelle jetzt für die vielen Pilger zu klein ist, beginnt man sie zu erweitern.

An die zu klein gewordene Pfalzkapelle wird zwischen 1355 und 1414 eine **gotische Chorhalle** angebaut. In ihr befinden sich riesige Buntglasfenster mit biblischen Szenen, die bei ihrer Fertigstellung die größten goti-

*Der Dom von Aachen in seiner ganzen Pracht*

## Aachener Dom

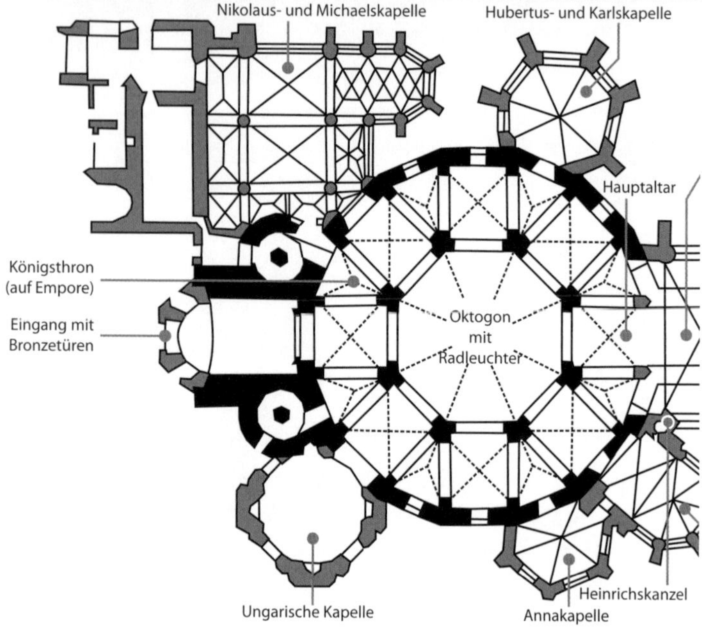


schen Fenster ihrer Zeit waren. „**Glas von Aachen**“ werden die zum 600. Todestag Karls des Großen eingeweihten Bilder genannt. In der Chorhalle stehen der Marienschrein mit den Reliquien sowie der **Karlsschrein** mit den Gebeinen Karls des Großen. Der Schrein aus Eichenholz und vergoldetem Silber ist mit Edelsteinen belegt. Er wurde von König Friedrich II. in Auftrag gegeben und im Jahr 1215 fertiggestellt. An der Stirnseite sind Christus, Karl der Große, Papst Leo der III. und der Erzbischof Turpin von Reims abgebildet. Über dem Karlsschrein hängt der Strahlenkranz Mariens.

Oktogon und Chorhalle werden in der Zeit vom 15. bis zum 18. Jahrhundert um weitere Kapellen ergänzt. Die **Matthiaskapelle** (im Südosten) war bereits um 1400 kurz vor der Chorhalle gebaut worden. Die anderen Kapellen, wie die **Annakapelle** im Südosten, werden um 1449 hinzugefügt. Zwischen 1455 und 1474 entstehen im Norden die **Karls-** und **Hubertuskapelle** sowie darauf die **Nikolaus-** und **Michaelskapelle** (ca. 1487). Barocke Elemente folgen 1788 mit dem Eingangsportal, der **Ungarischen Kapelle** (1756–1767) sowie dem **Turmaufbau** (1884) im Westen. Weitere Kunstwerke im Dom stellen die **Goldtafel vor dem Hauptaltar** und die edelsteinverzierte **Heinrichskanzel** dar, die beide aus dem 11. Jahrhundert stammen.

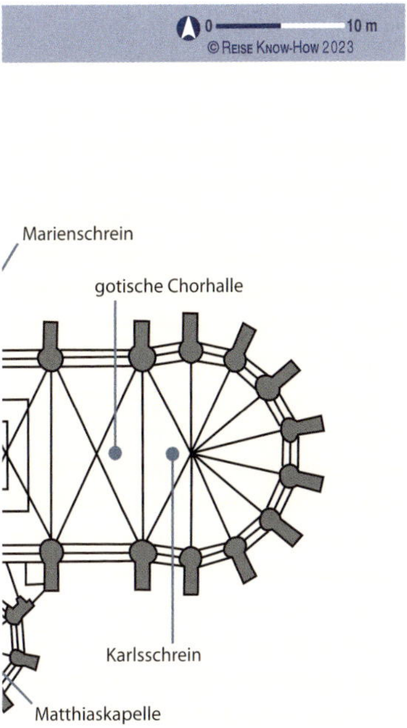


Die Kirche betritt man vom Westen her durch einen Eingang gegenüber der Dominformation. Hier befindet sich der **Domhof.** Rechts daneben steht die Johanneskapelle, eine frühere Taufkapelle. Eine bronzene Tafel an ihrer Rückseite erinnert daran, dass der Dom seit 1978 zum UNESCO-Weltkulturerbe zählt. Zum karolingischen Bau gehörten die Pfalzkapelle sowie das **Westwerk,** ein westlich vorgelagerter gesonderter Kirchenraum. Vor den karolingischen Bau wurde 1788 ein neues Gebäude aus Blaustein gesetzt, der **Haupteingang** des Doms.

Der ursprüngliche karolingische Bau unterscheidet sich von dem angefügten Bau durch sein Material: 25 verschiedene Steinsorten wurden hier verwendet. Das Fenster im Westwerk ist neu, es wurde zwischen 1952 und 1954 von Ewald Mataré gestaltet. Im Jahr 1884 wurde der 74 Meter hohe Turm über dem Westwerk nach Plänen des Malers und Architekten Hugo Schneider errichtet. Sein **Geläut mit acht Glocken** zählt zu den größten erhaltenen Barockgeläuten und stammt von Peter und Jakob von Trier aus dem Jahr 1656. Eine Glocke allerdings, die Dicke Marie, wurde im Zweiten Weltkrieg eingeschmolzen und 1958 durch eine neue 5,8 Tonnen schwere Glocke ersetzt.

Am Turm befindet sich auch ein Balkon, auf dem man bis 1986 zur **Heiligtumsfahrt** (s. S. 108) die Reliquien zeigte.

Am heutigen Eingang befinden sich die bronzenen Originaltüren aus der Karolingerzeit, deren Türflügel beide 4,3 Tonnen wiegen. Auf den Türen sieht man bronzene Löwenköpfe – unter dem rechten kann noch der Daumen des Teufels ertastet werden (s. Exkurs S. 22).

- Bushaltestelle: Elisenbrunnen
- Domhof 1, Tel. 477090, www.aachenerdom.de, geöffnet: Jan.–März Mo.–Sa. 11–17, So. 13–17.45 Uhr, April–Dez. Mo.–Sa. 11–18, So. 13–17.45 Uhr, Besichtigung während der Gottesdienste (Mo.–Sa. 7 und 10, So. 8, 10, 11.45 und 18 Uhr) nicht gestattet. Der Dom ist Teil der Route Charlemagne (s. S. 109).
- Die erste Etage des Doms mit dem Thron Karls des Großen ist nur im Rahmen einer Führung zugänglich (ca. 45 Min). Tickets und Start an der **Dominformation,** Johannes-Paul-II-Str. gegenüber der Domschatzkammer, Tel. 47709145, Führungen Di.–Fr. 11, 12, 13, 14, 15, 16, Sa. 13, 14, 15, 16, 17, So. 13, 14, 15 und 16 Uhr, Ticket: 5 €, ermäßigt 4 €.

## 2 Domschatzkammer ★★★ [D5]

*Die Domschatzkammer beherbergt einen der bedeutendsten Kirchenschätze Europas, deren einzigartige Sammlung mehr als 100 wertvolle Kunstwerke verschiedener Epochen umfasst.*

Die 1995 neu gestalteten Ausstellungsräume der Domschatzkammer verteilen sich auf mehr als 600 Quadratmeter und verschiedene Ebenen. Sie zeigen prächtige Kunstschätze der Spätantike sowie der karolingischen, ottonischen, staufischen und gotischen Zeit. Seit der Zeit Karls des Großen birgt der Aachener Dom 1 eine Vielzahl von Reliquien. Sie werden in kostbaren Schreinen und Gefäßen, den **Reliquiaren**, aufbewahrt. Im Mittelalter hatte sich der Reichtum einer Kirche an der Vielzahl ihrer Reliquien und Heiligtümer gemessen, die zahlreiche Pilger anzogen.

Das bekannteste Ausstellungsstück ist wohl das **Lotharkreuz**, das mit mehr als hundert Edelsteinen und Perlen sowie einer Gemme (einem Schmuckstein mit eingeschnittenem Bild) verziert ist. Es stammt aus dem 10. Jahrhundert und wurde bei Krönungen in der Kirche vorangetragen. Den Namen hat es von einem ovalen Bergkristall, der vermutlich das Bildnis König Lothars II. (855–869) zeigt. Daneben sind **Karlsbüste von 1349** aus getriebenem Silber und zum Teil vergoldet sowie der **Proserpina-Sarkophag**, in dem die Gebeine Karls des Großen ursprünglich beigesetzt waren, zu sehen. Die Gegenstände sind verschiedenen Themenbereichen zugeordnet: dem Dom als Kirche Karls des Großen, den liturgischen Gegenständen im Dom und dem Dom als Krönungskirche. Ein Bereich widmet sich der Marienkirche. Kostbare liturgische Gegenstände wurden zur Feier der Messe geschaffen: mit Edelstein geschmückte Kelche und Monstranzen, Leuchter und große Altartafeln. Weiterhin werden zahlreiche Reliquiare mit ihren Reliquien präsentiert: zum Beispiel der Gürtel Christi und Mariens, das Armreliquiar Kaiser Karls des Großen mit Reliquien des linken Oberarms sowie Elle und Speiche seines Unterarms oder ein Beinreliquiar. Die ausgestellten Reliquiare sind meist aus Silber,

## Dombausage: der Daumen des Teufels

Im rechten Löwenkopf steckt der Daumen des Teufels, so heißt es. Wie er dahingekommen ist, erzählt eine Anekdote. Die Aachener hatten nicht mehr genug Geld, um den Dom fertig zu bauen. Ein vornehmer Mann, der in die Stadt kam, versprach zu helfen. Dafür wollte er allerdings die erste Seele haben, die das fertig gebaute Bauwerk betritt. Es war der Teufel, der sich als vornehmer Herr verkleidet hatte. Die Aachener versprachen es, tricksten den Teufel aber aus: Sie schickten nicht einen Menschen, sondern ein Tier, einen Wolf, in den Dom. Wütend darüber, schmiss der Teufel die Seele auf den Boden und stürzte hinaus. Dabei blieb sein Daumen in der Domtür eingeklemmt zurück. Die Seele des Wolfs wurde zu einem Pinienzapfen. Am Eingang im Dom ist deshalb eine bronzene Wölfin (10. Jahrhundert) zu sehen und gegenüber die „Seele“, der Pinienzapfen.

dann vergoldet und eventuell noch mit Edelsteinen verziert. Die obere Etage ist überwiegend Maria gewidmet. Im Untergeschoss sind vor allem kostbare Stoffe zu sehen, zum Beispiel der große Textilschatz des Aachener Doms, der die ca. 1000 Textilien in wechselnden Ausstellungen zeigt.

- Bushaltestelle: Elisenbrunnen
- Johannes-Paul-II-Straße, www.aachener-domschatz.de, Tel. 47709140, Eintritt 6 €, ermäßigt 4 €, Familien 12 € (Eltern mit Kindern bis 18 Jahre), Tickets in der Dominformation gegenüber der Domschatzkammer, Jan.–März Mo. 10–14, Di.–So. 10–17 Uhr; April–Dez. Mo. 10–14, Di.–So. 10–18 Uhr. Die Schatzkammer kann individuell oder im Rahmen einer Führung (ab 10 Personen) besichtigt werden.

## 3 Katschhof ★★ [D4]

Der zwischen dem **Rathaus** 4 und dem **Dom** 1 gelegene Katschhof war Teil der Pfalz von Karl dem Großen und ist einer der wenigen rechteckigen Plätze der Stadt. Katsch kommt von „Kax" oder „Kaksen", was so viel wie „gaffen" bedeutet. Hier befand sich früher der **Pranger**, an dem Delinquenten öffentlich zur Schau gestellt wurden. Das Volk kam, um die armen Sünder anzuschauen, zu begaffen.

Mehrmals im Jahr werden hier Märkte abgehalten, zum Beispiel der Europamarkt der Kunsthandwerker (s. S. 94), der Altstadtflohmarkt und im Winter natürlich der Aachener Weihnachtsmarkt. Auf der Terrasse des Rathauses befindet sich **Karls Kräutergarten**. Er wurde entsprechend der karolingischen Landgüterverordnung von 831 angelegt, der *Capitulare de villis*, die sich fast wie ein botanisches Lexikon liest. Dort wurde genau festgelegt, wie die Verwalter der Königsgüter ihren Garten gestalten sollten. Sie beschreibt die Dreifelderwirtschaft, den Weinbau sowie die Obstpflege und liefert eine Fülle von Details über Kräuter, Getreide und Reben; sowohl über den Anbau als auch über den Nutzen und die Verwendung der einzelnen Pflanzen. So wollte Karl der Große die Versorgung seines Hofes sichern, der etwa 1000 Personen umfasste. 2012 wurde der Garten neu gestaltet.

- Haltestelle: Elisenbrunnen

031aa Abb.: ck

*Die Domschatzkammer beherbergt einen der renommiertesten Kirchenschätze Europas*

# Karl der Große

„Vater Europas“ oder „Erster Europäer“ sind Titel für den großen Herrscher, der als erster Herrscher nach der Antike in Westeuropa die Kaiserwürde verliehen bekam. Da sein Reich in der weitesten Ausbreitung von der Bretagne im Westen bis Thüringen im Osten reichte, gilt sein Wirken bis heute prägend für die Idee eines **christlichen Abendlandes** in Europa.

Karl der Große wurde 748 als Sohn des Karolingerkönigs Pippin geboren. Über den jungen Karl ist nur wenig bekannt. Als Pippin im Jahr 768 starb, trat Karl mit 20 Jahren zusammen mit seinem Bruder Karlmann das Erbe seines Vaters an. Sein Bruder Karlmann starb bereits 771, Karl wurde somit Alleinherrscher und regierte bis zu seinem Tod im Jahr 814. Durch seine zahlreichen Eroberungskriege, unter anderem gegen Langobarden, Mauren, Bayern, Awaren und Sachsen, schuf er ein riesiges Reich. Es reichte von der Nordsee bis Mittelitalien und von den Pyrenäen bis zum heutigen Ungarn. Zentrum des Reiches und seiner Macht war allerdings Aachen, auch wenn er nicht dauerhaft in Aachen wohnte, sondern – wie damals üblich – immer unterwegs von einer Pfalz zur anderen reiste. Insgesamt waren es **ca. 100 Pfalzen.**

Zweimal im Jahr wurde getagt, meistens in Aachen. Bis zu 1000 Personen umfasste der Hof. Sie wurden bequem in der Pfalz untergebracht. Zusammen mit seinem Kämmerer, dem Kanzler, dem Hofkaplan und den Pfalzgrafen traf sich Karl der Große, um über wichtige Dinge zu beraten und Entscheidungen zu treffen. Bei der nächsten größeren Reichsversammlung wurden die Beratungen dann bekanntgegeben.

Um das Reich mit seiner riesigen geografischen Ausbreitung zusammenzuhalten, entwickelte Karl der Große eine gut organisierte Verwaltung. In diesem Zusammenhang **vereinheitliche er Maße** und Normen und führte eine einheitliche Währung ein: den Silberdenar, von denen heute noch etwa 2000 Exemplare existieren. (Historiker der Universität Würzburg schätzen, dass ein damaliger Silberdenar dem heutigen Wert von ungefähr 14 € entspricht.) Später dann legte Karl der Große das sogenannte **Karlspfund** als Gewichts- und Recheneinheit für Münzen fest. Erst 1806 wurde dies geändert und in Deutschland ein neues System eingeführt. Weiterhin vereinheitlichte Karl der Große Sprache und Schrift.

Trotz des tiefgreifenden Einflusses des ersten westeuropäischen Kaisers ist heute nicht bekannt, wie er wirklich aussah. Meist wird er mit Rauschebart und langer Mähne abgebildet, sein Äußeres dürfte jedoch anders gewesen sein. Auf den Silberdenaren zeigt er sich mit kurzem Haar und Schnurrbart. Bekannt ist nur, dass er sehr groß war, nämlich über 1,90 m. Er verfügte über eine charismatische Ausstrahlung und war fünfmal verheiratet. Aus den Ehen gingen 18 Kinder hervor.

Bildung war für Karl den Großen von zentraler Bedeutung, obwohl er selbst nicht lesen und schreiben konnte. Anstelle einer Unterschrift setzte er ein **Vollzugshäkchen** als Signum. Er sprach neben Moselfränkisch auch sehr gut Latein. Eine einheitliche Sprache und Schrift war ihm ein wichtiges Ziel. Seine Befehle, Gesetze und Verordnungen sollte jeder nachprüfen bzw. nachlesen können, sodass deren Verschriftlichung an Bedeutung gewann.

Eine **einheitliche Sprache** war weiterhin für die Verbreitung des Christentums wichtig. Unter Einfluss von Karl dem Großen wurde eine neue Schrift geschaffen. Die heutige, nicht zuletzt durch Textverarbeitungsprogramme bekannte Schrift Times New Roman basiert auf der damaligen Schrift, der **karolingischen Minuskel.** Ihr Vorteil lag besonders in der einfachen Lesbarkeit. Allerdings konnten damals nur die wenigsten Menschen lesen. Diese Fähigkeit besaßen vor allem die Mönche in den Klöstern, in denen Schreiben und Lesen gelehrt wurde. Mit der Förderung durch Karl den Großen entstanden **Klosterschulen,** über die das Wissen in die ersten Dorf- und Grundschulen gelangte. Karl interessierte sich auch für Astronomie und führte eine Kalenderreform durch. Seinen Kindern, Jungen wie Mädchen, ließ er die beste Bildung zukommen. Die Hofschule war damals das wissenschaftliche Zentrum für die Gelehrten. Sie verfassten das Reichsevangeliar, auf das die späteren Herrscher ihren Amtseid leisteten. Leiter der Hofschule war Alkuin von York (ca. 730–804), unter dessen Leitung eine große Hofbibliothek aufgebaut wurde. Dieses Vorbild für andere Bibliotheken, z. B. in Köln oder St. Gallen, ist leider nicht mehr erhalten, denn sie wurde, wie von Karl festgelegt, nach dessen Tod verkauft und das Geld an die Armen verteilt. An die Hofschule berief er die renommiertesten Gelehrten aus ganz Europa und machte damit Aachen zu einer Stadt des Wissens.

Die heutigen Kenntnisse über Karl den Großen gehen besonders auf Dokumente von zwei wichtigen Beratern zurück. Einer war Einhard, der später eine Biografie über den Kaiser schrieb, und Alkuin, dessen Briefe einen Einblick in das damalige Leben geben. Darüber hinaus sind noch einige Dokumente wie die Fränkischen Reichsannalen erhalten.

Im Jahr 800 wird Karl in Rom von Papst Leo III. zum Kaiser gekrönt. Den Namenszusatz **„der Große"** erhielt er erst etwa 200 Jahre nach seinem Tod. Friedrich Barbarossa setzte sich sehr dafür ein, dass Karl heiliggesprochen wurde. Einer der Gründe war, dass auch die Franzosen Karl den Großen für sich in Anspruch nahmen. **Gegenpapst Paschalis III.** sprach Karl den Großen gegen den Willen von Papst Alexander III. heilig. Die Heiligsprechung fand am 29. Dezember 1165 in Aachen statt. Karl einte das Reich. Nach seinem Tod zerfiel es jedoch wieder in ein West- und ein Ostfränkisches Reich. Vom alten Frankenreich übernahm nur der westliche Teil den Namen, nämlich **das heutige Frankreich.** Frankreich beruft sich deshalb auf Karl den Großen als Gründer. Aus dem Ostfrankenreich entstand das **Heilige Römische Reich Deutscher Nation,** aus dem später Deutschland hervorging. Aus dem Frankenreich entstanden später die Nationalstaaten in Europa – Frankreich, Italien, Deutschland, Österreich, die Schweiz, Belgien, die Niederlande und Luxemburg. In allen Ländern hinterließ das Wirken des Kaisers Spuren, sodass der Name Karls des Großen sich in Europa zu einem Mythos entwickelte.

An den Todestag Karls des Großen wird jedes Jahr am letzten Sonntag im Januar mit dem **Karlsfest** gedacht (s. S. 92). Die Feier beginnt mit einem Pontifikalamt im Dom 1. Danach findet ein Fest mit mittelalterlichen Spezialitäten im Rathaus 4 statt.

## 4 Rathaus ★★★ [D4]

*Das Rathaus wurde im 14. Jahrhundert auf den Grundmauern der karolingischen Königshalle Karls des Großen errichtet. Seit 936 fanden hier die Festmahlsfeiern nach den Krönungen statt. Im Rathaus tagt bis heute der Stadtrat.*

Im 14. Jahrhundert war das damalige Rathaus, das Grashaus am **Fischmarkt** 15, etwas baufällig geworden und für Aachen als erfolgreiche Tuchmacher- und Handelsstadt nicht mehr repräsentativ genug. So entschied die Aachener Bürgerschaft, auf dem alten karolingischen Bau das neue Rathaus zu errichten.

Es entstand ein gotischer Stadtpalast, der zwei Aufgaben hatte: Einmal war er Rathaus der Stadt Aachen, zugleich wurde der Festsaal bis 1531 für die **Krönungsmähler** der deutschen Könige genutzt. Dazu wurde der ebenerdige karolingische Bau um ein Stockwerk aufgestockt und der heutige Krönungssaal in den ersten Stock verlegt. 1349 wurde das neue Rathaus eingeweiht.

Maße und Form der karolingischen Königshalle blieben bei der Verlegung gewahrt. Während die Fassade beim alten karolingischen Bau nach Süden zur Pfalzkapelle ausgerichtet war, zeigt sie nun in nördlicher Richtung zum Markt. **Die gotische Rathausfassade** wurde später nach Plänen des Aachener Baumeisters Johann Joseph Couven neu im Barockstil gestaltet. Die jetzige Fassade des Rathauses entstand, wieder im gotischen Stil und mit neuen Figuren ausgestattet, 1902 nach jahrelangen Diskussionen und Arbeiten. Die Fassade, eingeweiht von Kaiser Wilhelm II., zeigt **50 deutsche Herrscher**, von denen 30 zu Königen gekrönt worden waren. Links befinden sich die Figuren der karolingischen Herrscher, die zwischen 1881 und 1891 entstanden. Schwarze Stellen im Sandstein erinnern noch an einen Brand von 1883. Unter den Fenstern des Krönungssaals sind von links nach rechts die Sieben Freien Künste dargestellt. Schon an der Hofschule Kaiser Karls wurden sie gelehrt. Daneben finden sich die Zünfte und die sieben Fakultäten der 1865 gegründeten Polytechnischen Universität als Symbol der modernen Wissenschaften. Darunter befindet sich eine Rei-

032aa Abb.: ©engel.ac, stock.adobe.com

he von Wappen, die auf sieben Kurfürsten sowie kirchliche und weltliche Machthaber verweisen, die in Beziehung zu Aachen standen bzw. aus dem Umland der Stadt stammten.

Im Zweiten Weltkrieg wurde die Fassade beschädigt. Josef Pirlet, Professor für Statik an der Technischen Hochschule Aachen, gelang es jedoch, das einsturzgefährdete Gebäude zu stabilisieren, indem er schwere Anker durch die Decke zog. Eine doppelläufige Freitreppe führt zum Eingang des Rathauses. Die moderne Bronzetür stammt von Ewald Mataré und ist mit kleinen Köpfen geschmückt.

Zwei Türme sind zu beiden Seiten des Rathauses zu sehen: links der quadratische Granusturm und rechts der runde Marienturm. Der 788 errichtete **Granusturm**, das älteste Bauwerk in Aachen, war Teil der Kaiserpfalz und diente ursprünglich wahrscheinlich als Wohnturm. Das zur Hälfte noch originale Mauerwerk stammt überwiegend aus der karolingischen Zeit. Der Name bezieht sich auf den keltischen Wassergott, den auch die Römer verehrten. Nach ihm hatten sie die damalige Stadt *Aquae Granni* benannt. Welche Funktion der Turm genau hatte, ist nicht bekannt. Erhalten sind drei übereinanderliegende Zimmer. Die Treppe im Innenbereich führt durch kleinere Räume und wechselt gelegentlich die Richtung, was die Sicherheit erhöhen sollte. Als das Rathaus neu errichtet wurde, hat man den Turm aufgestockt und erhöht. Er dient zeitweise als Archiv, Gefängnis und Wachturm.

*‹ Der Platz zwischen Dom und Rathaus, der Katschhof 3, wird für zahlreiche Veranstaltungen genutzt*

Den **Marienturm** kann man vom Markt aus betreten. Beide Türme erhielten von Leo Hugot zwischen 1977 und 1979 neue Turmhelme. Im Helm des Marienturms ist ein Glockenspiel installiert, das 49 Glocken enthält. Es gehört zu den größten Glockenspielen der Welt und wird viermal am Tag gespielt (s. S. 28).

Auch von innen kann das Rathaus besichtigt werden. Im Erdgeschoss links befindet sich der **Sitzungssaal** des Rats, wo auch heute noch die Versammlungen abgehalten werden. Rechts gelangt man zuerst in den im prächtigen Barockstil gestalteten **Weißen Saal** für Empfänge. Dahinter liegt das **Werkmeistergericht**, in dem die Tuchmacher ihre Waren zur Prüfung präsentieren mussten. Der angrenzende Raum, die **Werkmeisterküche**, ist der schweren Zerstörung Aachens im Zweiten Weltkrieg gewidmet. Der letzte Raum, **der Friedenssaal**, wurde 1748 von Johann Joseph Couven (s. S. 31) gestaltet. Er verweist auf den Aachener Frieden, der im gleichen Jahr den habsburgischen Erbfolgekrieg beendete.

Der im Obergeschoss liegende **Krönungssaal**, in dem seit 1950 der Internationale Karlspreis (s. S. 10) verliehen wird, vermittelt noch heute einen guten Eindruck vom Glanz der Krönungsmahle. Hier sind die Nachbildungen von Reichskleinodien, also die Herrschaftsinsignien der Kaiser des Heiligen Römischen Reiches, zu sehen wie z. B. Reichskrone, Reichsapfel, Reichszepter, Reichskreuz, Zeremonienschwert, Reichsevangeliar, Stephansburse usw. Die Originale werden seit 1806 in Wien aufbewahrt. Die Wände zieren zwischen 1847 und 1852 entstandene Fresken von Alfred Rethel bzw. dessen Mitarbeiter Josef Kehren (nach

MEIN TIPP

**Der Postwagen**

Am linken Eck des Rathauses befindet sich der Postwagen (s. S. 69), ein altes Holzhaus aus der Barockzeit (früher gehörte das inzwischen umgezogene Haus Eulenspiegel dazu, s. S. 76). Es ist eines der wenigen bestehenden Holzhäuser Aachens, da die meisten bei einem großen Brand der Stadt 1656 (s. S. 100) zerstört wurden. Der Postwagen fällt schon wegen seiner ungewöhnlichen Form auf. Von außen sieht das Lokal – wie der Name schon sagt – wie ein Postwagen aus. Innen ist es klein, urig und gemütlich. Seit 1902 gibt es den Postwagen, im Jahr 2019 wurde er renoviert und neueröffnet.

Rethels Tod). Von den ursprünglich acht Fresken sind noch fünf erhalten. Sie zeigen Szenen aus dem Leben Karls des Großen, auf der Westseite z.B. die Krönung von Ludwig dem Frommen, Karls Sohn, 813 oder den Einzug Karls des Großen in Pavia. Ein audiovisueller Guide zeigt den möglichen Ablauf eines Krönungsmahls im 16. Jahrhundert.

› Haltestelle: Elisenbrunnen
› **Glockenspiel Marienturm:** 11.05, 12.05, 16.05 und 17.05 Uhr
› Tel. 1802950 (Führungen), www.rathaus-aachen.de, Eintritt 6 €, ermäßigt 3 €, bis 21 Jahre frei, geöffnet: tgl. 10–18 Uhr. Tickets für die Rathausführungen gibt es im Foyer oder bei der Tourist Info Elisenbrunnen (s. S. 115), Führung: 11 €, erm. 8 € (jeweils inkl. Eintritt), bis 21 Jahre 5 €, Führungen von April–Dez. Sa.–So. 10.30 Uhr, Eintritt auch mit der Musemscard **„Six for Six"**. Sie umfasst jeweils einen Eintritt ins Museum Ludwig Forum, Suermondt-Ludwig-Museum, Couven-Museum, Centre Charlemagne, ins Internationale Zeitungsmuseum und ins Rathaus und ist ein halbes Jahr gültig, Preis: 14 €, erm. 10 €. Man sollte sich vor dem Besuch des Rathauses auf der Website informieren, ob es gerade wegen einer Veranstaltung geschlossen ist. Das Rathaus ist Teil der Route Charlemagne (s. S. 109).

## 5 Markt ★★★ [D4]

*Der Markt vor dem Rathaus ist der zentrale Platz in der Stadt mit vielen alten Gebäuden. Mitten auf dem Platz, der im Sommer ein beliebter Treffpunkt ist, steht der Brunnen mit Kaiser Karl dem Großen. Gegenüber dem Rathaus führt die Pontstraße ins Studentenviertel (s. S. 41).*

Der Marktplatz bildet den Mittelpunkt der Altstadt. Auf der einen Seite befindet sich das Rathaus, auf den drei anderen Seiten wird der Markt von zahlreichen weiteren Gebäuden gesäumt – alten Bürgerhäusern und mehreren gemütlichen Kneipen, Cafés und Restaurants. Mitten auf dem Platz steht **eine bronzene Statue von Karl dem Großen** mit Vollbart und langem Haar sowie Krone, Zepter und Reichsapfel. Sie ist eine Kopie. Das Original wurde 1620 in Belgien hergestellt und befindet sich im Krönungssaal des **Rathauses** 4. Die Brunnenschüssel stammt von Franz und Peter von Trier, die beide Aachener Handwerker waren. Die Fische am Brunnenrand wurden allerdings erst später hinzugefügt. Sie stammen von Johann Joseph Couven und wurden erst im Barock (1735–38) gefertigt.

**Das Haus Löwenstein** (s. S. 62) gilt als eines der schönsten Stadthäuser aus dem Mittelalter. Es stammt aus dem 14. Jahrhundert und ist damit das älteste Bürgerhaus der Stadt. Den Namen hat es von seiner damaligen Besitzerin, Ida Löwenstein. Seit

1955 gehört das Haus der Stadt und wird von der Stadtverwaltung genutzt. Besonders schön ist die mit verschiedenen Wappen bemalte Fassade. Diese Wappen repräsentieren die früher unabhängigen Gemeinden, die 1879 bzw. 1972 eingemeindet wurden. So z. B. Burtscheid mit seinen Kuranlagen, das den Burtscheider Schwan als Wappen hat. Links neben Haus Löwenstein liegen weitere historische Bürgerhäuser, von denen einige heute Gaststätten sind wie z. B. das Gasthaus **Zum Goldenen Schwan** (s. S. 69) und zum **Goldenen Einhorn** (s. S. 69).

Rechts von der Pontstraße befand sich bis 2019 die **Karlsapotheke,** die 1615 erbaute älteste Apotheke der Stadt. Am Eingang kann man die Signatur Karls des Großen mit dem Vollzugshäkchen (s. S. 24) in der Mitte sehen. Seine Schreiber entwickelten eine Signatur, der Karl der Große, der nicht lesen und schreiben konnte, nur noch ein „y" sowie den Vollzugsstrich hinzufügen musste. Heute befindet sich in der ehemaligen Apotheke das Lokal **Markt 43** (s. unten).

› Markt, Haltestelle: Elisenbrunnen

*Der Markt mit dem Karlsbrunnen und der Figur Karls des Großen – allerdings nur als Kopie*

MEIN TIPP

### Crossover-Küche am Markt

Das Restaurant Markt 43 befindet sich auf dem großen Marktplatz, schräg gegenüber dem Rathaus, in einem historischen Gebäude, in dem einst die älteste Apotheke der Stadt ansässig war. Das gemütliche Lokal mit großer Außenterrasse hat moderne Crossover-Küche im Angebot. Es gibt z. B. Thunfisch-Steak. Lecker sind die Pasta mit Trüffeln oder die japanischen Gyoza (Teigtaschen). Auch Vegetarier und Veganer kommen auf ihre Kosten.

1 [D4] **Markt 43,** Markt 43, Tel. 01743434310, www.markt43.de, geöffnet: tgl. 10–23, Küche 12–22 Uhr

## 6 Couven-Museum ★★★ [E4]

*Seit 1958 ist das ehemalige Wohnhaus der Familie Monheim ein Museum und vermittelt einen Eindruck davon, wie das Großbürgertum im 18. und 19. Jahrhundert gewohnt hat. Das Eckhaus wurde 1786 nach Plänen von Jakob Couven, dem Sohn des Aachener Stadtarchitekten Johann Joseph Couven, neu gestaltet.*

Nach dem großen Brand ließ der Apotheker Adam Coebergh 1662 an dieser Stelle eine Apotheke errichten. 1783 erwarb Andreas Monheim das Haus und ließ es von Jakob Couven, dem Sohn des bekannten Aachener Architekten Johann Joseph Couven, umgestalten. Die Initialen des Eigentümers A. M. kann man noch heute über der Eingangstür erkennen. Monheim war **Aachener Bürgermeister**, bevor die Stadt französisch besetzt wurde.

034aa Abb.: ck

Das Wohnhaus der Familie Monheim ist das einzig erhaltene Bauwerk Jakob Couvens. Seit 1958 befindet sich darin ein Museum, das Großbürgerliches Wohnen im 18. und 19. Jahrhundert dokumentiert. Die Sammlung umfasst fertig eingerichtete Zimmer verschiedener Stile sowie Küchengeräte wie Kaffeeröster, Kaffeemühlen und prächtiges Silbergeschirr. Das Großbürgertum konnte sich bereits damals die Luxusgüter leisten. Links vom Eingang ist auch eine komplett eingerichtete Apotheke zu sehen. Es ist die Apotheke Leonard Monheims. Er hat hier 1857 eine ganz besondere „Medizin" hergestellt, nämlich **Schokolade.** Sie half bei Verdauungsbeschwerden und Depressionen. Kakao war damals noch sehr teuer und wurde deshalb in Apotheken vertrieben. Verkauft wurde sie als Schokoladenpastillen.

- Haltestelle: Elisenbrunnen
- Hühnermarkt 17, Tel. 4324421, www.couven-museum.de, Eintritt 6 €, ermäßigt 3 €, bis 21 Jahre frei, Eintritt auch mit der Museumscard „Six for Six" (s. S. 28). Bei besonderen Wechselausstellungen kann der Eintritt bis zu 15 € betragen. Geöffnet: Di.–So. 10–17, erster Samstag im Monat 13–17 Uhr (auch an Feiertagen), öffentliche Führungen Sa. 15 und So. 11.15 Uhr. Das Couven-Museum ist Teil der Route Charlemagne (s. S. 109).

*Das Couven-Museum 6, erbaut von Jakob Couven, präsentiert großbürgerliche Wohnkultur*

*Der Harlekin des Puppenbrunnens steht für das kulturelle Stadtleben*

## Couven-Bauwerke: Aachener Baumeister im Barock

Johann Joseph Couven (1701–1763) hat das Stadtbild von Aachen entscheidend mitgeprägt. Er gilt als wichtigster Baumeister des späten Barock, auch **Aachen-Lütticher Barock** genannt, in der Aachener Region. Vor allem seine prächtigen Innenausstattungen waren geschätzt. Er war von 1739 bis zu seinem Tod 1763 als Baumeister tätig.

Bereits 1724/25 entstand das erste Gebäude nach seinen Plänen. Er gestaltete das Aachener Rathaus komplett neu. Zwischen 1730 und 1754 entstand die Abteikirche **St. Johann Baptist** in Burtscheid, die zu den wichtigsten Barockkirchen im Rhein-Maas-Gebiet gehört. Leider wurden im Laufe der Zeit viele der von ihm geschaffenen Bauwerke zerstört. Ein erhaltenes Bauwerk, das seine Handschrift trägt, ist die Theresienkirche von 1748 im Pontviertel, die heute nur für Sonderveranstaltungen geöffnet ist. Von ihm stammt auch das Brunnenbecken des Karlsbrunnens am **Markt** 5. Der Kerstensche Pavillon am Lousberg wurde nach seinen Plänen geschaffen sowie die Innenausstattungen des **Kornelimünsters** 30) und **St. Michael**.

Sein Werk erstreckte sich aber weit über die Aachener Region. So war er auch in Düsseldorf tätig, wo er für Kurfürst Karl Theodor das Schloss Jägerhof gestaltet hat. Sein Sohn Johann Jakob (1735–1812), von dem das **Couven-Museum** 6 und das Alte Kurhaus erbaut wurden, trat in die Fußstapfen seines Vaters.

### 7 Puppenbrunnen ★★ [E5]

Der Puppenbrunnen ist einer der beliebtesten Brunnen der Stadt. Er stammt von dem Aachener Künstler Bonifatius Stirnberg. Seit 1974 lockt er Passanten, die gern an den beweglichen Puppen drehen. Jede der bronzenen Puppen steht für eine typische Figur aus dem Leben der Aachener. Die **Marktfrau** verweist auf Aachen als Freie Reichsstadt. Bereits 1166 hat die Stadt von Kaiser Friedrich I. Barbarossa die Stadtrechte erhalten, mit Markt-, Münzrecht und Zollfreiheit.

Der **Domherr** verweist auf den Dom und auf Aachen als Bischofssitz. Die **Modepuppe** bzw. das Mannequin repräsentiert die frühere Tuchmacherstadt. Der **Professor** symbolisiert Aachen als Stadt des Wissens. Er ist mit einer Brille dargestellt. Oder sollen das etwa Knöpfe auf den Augen

061aa Abb.: ck

sein? Vermutlich musste er mehr als einmal wegschauen, wenn die Studierenden Schabernack getrieben haben. Wie auch bei diesem Brunnen: Damit nachts nicht an den Puppen gedreht werden kann – was zu Lärmbelästigung der Anwohner führen würde – schießt rings um den Brunnen spätabends Wasser auf. Das **Pferd** verweist auf den CHIO (den Concours Hippique international Officiel), das jährliche Weltfest des Pferdesports (s. S. 11). Der Reiter trägt einen römischen Helm – als Erinnerung daran, dass Aachen bereits unter den Römern gegründet wurde. An die Preußenzeit erinnert die Uniform. Nach 1815 haben die Preußen die Herrschaft übernommen. Der **Harlekin** steht für das kulturelle Leben. Für die Theater, Museen, Galerien, Musikveranstaltungen, die das Leben in Aachen spannend und abwechslungsreich machen. Die **Masken** symbolisieren den Karneval. Auf der Brunnenspitze thront ein **Hahn.** Ist es ein gallischer Hahn, der an die Zeit unter Napoleon erinnern soll? Der Hahn ist das Wahrzeichen Frankreichs. Unter Napoleon war Aachen Hauptstadt des Roer-Départements. Es reichte vom Niederrhein bis nach Koblenz. Damals erhielt Aachen auch einen französischen Namen: Aix-la-Chapelle.

› Krämergasse, Haltestelle: Elisenbrunnen

MEIN TIPP

### Café Lammerskötter im Hof

Das Café Lammerskötter im Hof (s. S. 77) erstreckt sich auf drei Etagen und bietet hausgemachtes Eis sowie viele leckere Kuchen und Torten an. Immer wieder werden auch neue Süßigkeiten kreiert. Besonders empfehlenswert sind die Schoko-Crumble-Tarte und der Käsekuchen. Im Angebot sind auch vegane Kuchen, z. B. Torten mit Kaffeecreme oder Kokos. Am Morgen kann man hier ein kleines süßes Frühstück genießen. Bei schönem Wetter sind die Plätze draußen immer schnell belegt.

## 8 Der Hof ★★★ [E4]

*Am Hof, ein Platz in der Nähe des Domes, befinden sich Bauwerke aus unterschiedlichen Epochen, die von vielen Cafés und Restaurants mit Außenterrasse genutzt werden. Bei schönem Wetter verwandelt sich der Hof in eine Art Terrasse für zahlreiche Cafés und Restaurants. Man sitzt mit Blick auf den alten Portikus oder die historischen Häuser und genießt dabei die Aachener Köstlichkeiten.*

Daran, dass hier bereits im 2. Jh. die ersten Häuser standen, erinnert der **Portikus.** Es ist ein bei Bauarbeiten im Jahr 1970 aus gefundenen Teilstücken zusammengesetzter Säulengang, dem letzten Überbleibsel aus römischer Zeit – vermutlich einer größeren Tempelanlage oder eines Marktplatzes. Der Portikus ist lediglich eine Nachbildung, die Originalteile befinden sich im Landesmuseum Bonn.

Zu Zeiten Karls des Großen lagen hier wahrscheinlich die Wohnanlagen der Pfalz. Im Laufe der Jahrhunderte hat der Hof dann vielfältige Nutzung erfahren. Er war Eier- und Buttermarkt. Er diente als Markt für Geschirr und Tuch wurde hier gebleicht.

Seine interessante **dreieckige Form** geht, wie bei den meisten Plätzen der Altstadt, auf eine Überschneidung der römischen Straßen mit denen der Franken unter Karl dem Großen zurück. Während die Straßen der Römer von Südwest nach Nordost verliefen, planten die Franken die Pfalzanlage in Westostrichtung. Das weiße Gebäude rechts neben dem Portikus ist das im neoklassizistischen Stil errichtete Quirinusbad, das 1824 unter der Leitung von Adam Franz Friedrich Leydel über der Quirinusquelle gebaut wurde. Das rötliche Gebäude hinter dem Portikus, das Kaiserbad, wurde über einer Quelle der Kaiserquelle errichtet. Angeblich soll bereits Karl der Große hier gebadet haben. Das Kaiserbad, von einer spiegelnden Verglasung umgeben, wurde 1994 von den beiden Architekten Ernst Kasper und Klaus Klever gebaut. Links daneben befinden sich drei historische Häuser, in denen jeweils Gastronomie untergebracht ist, u.a. der Domkeller (s.S. 79) – seit Langem eine Institution in Aachen. Er befindet sich am Eck zur Körbergasse in einem Haus, das 1658, zwei Jahre nach einem verheerenden Stadtbrand, erbaut wurde. Typisch für die damalige Zeit sind noch die erhaltenen Kreuzstockfenster des Hauses.

› Hof, Bushaltestelle: Elisenbrunnen

036aa Abb.: ck

MEIN TIPP

### Der letzte Korbwarenladen: Korbwaren Bayer

Von den zahlreichen Korbmachern Aachens ist nur der **Korbwaren Bayer** (s. S. 89) erhalten. Seit 1865 hält er in der Körbergasse diese alte Tradition aufrecht. Das Geschäft verkauft Körbe, Staubwedel, Rasierpinsel und Bürsten in allen Varianten und Größen. Ergänzt wird das Sortiment durch Seifen und Produkte aus Olivenholz.

## 9 Körbergasse und Printenmädchen ★★ [E4]

Die Ursprünge der schmalen Körbergasse, in der die Korbmacher einst ihre Waren anboten, gehen auf das Mittelalter zurück, wobei an das alte Gewerbe nur noch ein Laden, der Korbwaren Bayer, erinnert. Ein Teil der Häuser in der Körbergasse stammen aus dem 17. Jahrhundert. Drei Häuser wurden zusammengelegt und bilden die Alt Aachener Kaffeestuben Van den Daele (s.S. 74). Das älteste wurde 1655 errichtet.

Am Ende der Gasse befindet sich eine Skulptur, die auf eine andere traditionelle Kunst in Aachen verweist: die Herstellung von Printen (s. S. 10). Das Printenmädchen hält eine Printe in Form eines Mannes fest, der fast genauso groß ist wie es selbst. Hubert Löneke (s.S. 34) hat die Bronzeskulptur 1984 geschaffen. In der Straße sind alte Häuser zu finden, die teilweise noch aus dem 17. Jahrhundert stammen.

› Körbergasse, Bushaltestelle: Elisenbrunnen

*◁ Das Printenmädchen von Hubert Löneke mit der typischen Aachener Spezialität, der Printe*

## Hubert Löneke

Hubert Löneke (1926–2011), ein bekannter Aachener Künstler, studierte zunächst unter anderem bei dem Bildhauer Ewald Mataré an der Kunstakademie in Düsseldorf und zog Anfang der 1960er-Jahre nach Aachen. Der Bildhauer hat viele Skulpturen geschaffen, die in Aachen zu sehen sind und sich auf Aachener Traditionen, Geschichte, Verhaltensweisen oder Anekdoten beziehen, zum Beispiel das Klenkes-Monument oder das Printenmädchen 9. Seine Frau Krista Löneke-Kemmerling, Malerin und Fotografin, unterstützte ihren Mann bei der Arbeit, schuf aber auch eigene Werke wie z. B. das Monument „Der Teufel und das Marktweib“ (s. S. 46), das am Lousberg zu sehen ist.

### 10 Klenkes-Skulptur ★★ [E5]

Diese Skulptur stellt drei Kinder mit abgespreiztem kleinen Finger dar. Der kleine Finger, der **Klenkes**, ist der Gruß der Aachener und erinnert an Aachens goldenes Zeitalter der Tuchmacherindustrie. Das Aachener Wasser wurde damals nicht zu Heilzwecken genutzt, sondern in der Tuch- und Nadelindustrie. Um die Qualität der in der Stadt produzierten Nadeln zu kontrollieren, wurden Kinder eingesetzt. Sie überprüften, ob die Nadeln gut waren und spreizten dazu den kleinen Finger ab.

Das Monument von 1970 ist aus Bronze und stammt von dem Aachener Künstler Hubert Löneke (siehe oben).

› Ecke Holzgraben/Ursulinerstraße, Bushaltestelle: Elisenbrunnen

### 11 St. Nikolaus ★ [E4]

Kaiser Heinrich II. stiftet 1005 eine Kapelle zu Ehren des hl. Nikolaus, die 1234 von Minoriten, einem Zweig des **Franziskanerordens**, übernommen wird. Sie errichten in den darauffolgenden Jahrzehnten ein Kloster und erbauen an Stelle der zu klein gewordenen Kapelle eine gotische Kirche, die 1327 vom Bischof von Lüttich eingeweiht wird. Die Franziskaner betreiben Seelsorge und kümmern sich um Kaufleute und Reisende. 1390 wird der Chorraum vergrößert. 1630 entstehen der Hochaltar und die Seitenaltäre. Zweimal wird das Dach zerstört: einmal durch den Stadtbrand 1656 (s. S. 100), ein weiteres Mal 1692 durch ein Erdbeben. Der Innenraum bleibt unversehrt.

Unter **Napoleon** wird das Kloster 1802 aufgelöst und die Kirche als einfache Pfarrkirche genutzt. Die restlichen Gebäude des Klosters dienen als Gefängnis und Landgericht. Während des Zweiten Weltkriegs wird die Kirche schwer getroffen und danach wieder aufgebaut. 1967 wird die Pfarrei St. Nikolaus aufgelöst und der Domgemeinde St. Follian 14 angeschlossen. 2010 wird die Kirche durch eine Silvesterrakete getroffen und schwer beschädigt. Der Altar, der aus der Renaissance stammt, wird dabei zerstört. Die Kirche ist heute ökumenische Begegnungsstätte und Veranstaltungsort für Konzerte, Ausstellungen, Diskussionsrunden usw.

› Bushaltestelle: Elisenbrunnen
› An der Nikolauskirche, Tel. 4011188, www.citykirche.de, geöffnet: tgl. 9–19 Uhr sowie zu Veranstaltungen

*☐ Der Elisenpark am Elisenbrunnen ist eine grüne Oase in der Altstadt*

037aa Abb.: ck

## 12 Elisenbrunnen ★★★ [E5]

*Aachen ist für sein Heilwasser bekannt, das aus der am Elisenbrunnen für jeden zugänglichen Kaiserquelle stammt. Seit 1827 fließt Wasser aus dieser Quelle, hinter der sich der Elisengarten mit der Archäologischen Vitrine befindet, in der die Geschichte Aachens anhand von Ausgrabungen dokumentiert wird.*

Eigentlich heißt der Platz Friedrich-Wilhelm-Platz. Benannt nach dem preußischen König, doch alle nennen ihn „Am Elisenbrunnen". Seinen Namen verdankt der Brunnen **Elisabeth Ludovika von Bayern** (1801–1873), die Elise genannt wurde. Die Tochter des bayerischen Königs Maximilian I. heiratete 1823 den späteren preußischen König Friedrich Wilhelm IV. (Die Kaiserin Sissi von Österreich war ihre Nichte.) Nach der preußischen Kronprinzessin benannte der Aachener Stadtrat 1827 unter preußischer Herrschaft den Brunnen. Eine Büste in der Rotunde des Brunnens, allerdings eine Kopie, erinnert an sie. Das Original befindet sich im Museum. Friedrich Wilhelm III. war am Bau des Elisenbrunnens beteiligt. 1822 legte er den Grundstein, 1827 war der Brunnen dann als Trinkbrunnen fertig. Aachen war über viele Jahrhunderte hinweg ein wichtiger Kur- und Bäderort. Schon die Römer schätzten die schwefelhaltigen Thermalquellen. An den vier Marmortafeln, die rechts und links neben der Rotunde angebracht sind, finden sich die Namen derjenigen Prominenz, die in Aachen zur Kur geweilt hat, angefangen bei Karl dem Großen. Genannt werden zudem u.a. der italienische Dichter Petrarca (1333), der bekannte deutsche Maler Albrecht Dürer (1520), Peter der Große (1717), der berühmte Komponist Georg Friedrich Händel (1737) und Kaiserin Josephine (1804). Das Wasser der Kaiserquelle sprudelt aus zwei bronzefarbenen Wasserhähnen in Form von Löwenköpfen in zwei schwarze Granitbecken. Das stark schwefelhaltige Heil-

# Aachens Geschichte unter Glas

Die **Archäologische Vitrine** im Elisengarten (s. S. 37) informiert mit bei Bauarbeiten gefundenen historischen Gebäuderesten über die Geschichte der Stadt. Zwischen 2007 und 2010 wurden bei Bauarbeiten ca. 70.000 Objekte entdeckt – Funde, die von der Jungsteinzeit bis ins 15. Jahrhundert reichen.

Darunter befinden sich zum Beispiel Steinbeile mit **Klingen aus Feuerstein,** der schon 3000 v. Chr. am **Lousberg** (22) abgebaut wurde. Die Römer gründeten um Christi Geburt herum in der Nähe der Heilquellen eine Stadt, die im 2. und 3. Jahrhundert ihre Blütezeit hatte. **Am Hof** (8) befanden sich damals Thermalbäder, eine Herberge und ein Tempel.

038aa Abb.: ck

Die römischen Gebäude wurden teilweise auch im **Mittelalter** noch bewohnt. Im 8. Jahrhundert entstand darauf dann die Pfalz, mit der Marienkirche als ursprünglichem Zentrum des Doms. Aus der **Karolingerzeit** stammen Reste eines Grabes und Kellers. Unter den **Normannen** ging die Einwohnerzahl zurück, Anfang des 12. Jahrhunderts stieg sie wieder deutlich an. Das alte römische Steinmaterial wurde nun für neue Bauten verwendet, z. B. für den Stadthof der Benediktiner-Abtei Stablo-Malmedy. Auch Reste der Stadtmauer, die um 1171 unter Friedrich I. Barbarossa errichtet wurde, fand man. Aus dem 16. Jahrhundert stammen die letzten Funde: Kinderspielzeug wie z. B. Murmeln.

Archäologische Fenster wie im Elisengarten gibt es an verschiedenen Stellen: beispielsweise schräg gegenüber an der Mayerschen Buchhandlung (s. S. 88). Groß war das Erstaunen, als beim Bau der Mayerschen Buchhandlung an der Buchkremerstraße Reste einer römischen Therme gefunden wurden. Ein Fundstück, 18 Tonnen schwer, 2 Meter hoch und 2,60 Meter breit, ist in einem Schaufenster neben dem Eingang zur Buchhandlung zu sehen.

› Infos unter www.archaeologische-vitrine.de

*Ausgrabungen unter Glas informieren über die Stadtgeschichte*

wasser der Kaiserquelle ist 46 Grad warm und kein Trinkwasser.

Entstanden ist der Elisenbrunnen nach Plänen von Johann Peter Cremer, die von dem königlichen Baumeister Karl Friedrich Schinkel überarbeitet wurden. In der Mitte des 120 m langen Gebäudes befindet sich eine Rotunde, links und rechts schließen sich zwei Flügel im klassizistischen Stil an. Im Laufe der Zeit wurden die Flügelbauten unterschiedlich genutzt, mal als Veranstaltungsraum, Trinkstelle für das Heilwasser oder Musikzimmer. Im linken Flügel befindet sich die **Tourist Information Elisenbrunnen** (s. S. 115), im rechten Flügel ein Eiscafé. Während des Zweiten Weltkriegs wurde der Elisenbrunnen fast komplett zerstört und danach im originalen Stil wieder errichtet. Nicht weit von hier liegt auch die **Elisabethhalle** (s. S. 122), ein Kleinod aus dem Jugendstil, die noch heute als Schwimmbad dient.

Hinter dem Elisenbrunnen erstreckt sich, eine Oase in der Stadt, der **Elisengarten.** Der Park wurde im 19. Jahrhundert – gleich nach der Errichtung des Elisenbrunnens – unter der Leitung des für seine Gartenbaukunst berühmten Peter Joseph Lenné 1852/1853 angelegt. Auf dem Gelände des heutigen Gartens befanden sich zuvor verschiedene Gebäude wie z. B. das Bischöfliche Palais mit Garten, das Preußen als Sitz des neu geschaffenen Regierungsbezirks Aachen nutzte. Auf dem östlichen Gelände befand sich ein Ursulinenkloster, das als Hauptzollamt diente. Die 1852/1853 angelegte Gartenanlage, war damals der einzige öffentlich zugängliche Park der Stadt und nur halb so groß wie heute.

2009 wurde der Park komplett umgearbeitet und dabei an der Rückseite der Rotunde ein Wasserbassin und an der Stelle des vorherigen Fontänebrunnens eine Wiese mit Springbrunnen eingerichtet sowie Sitzterrassen angelegt, bei denen sich die **Archäologische Vitrine** (s. S. 36) befindet.

› Haltestelle: Elisenbrunnen

## 13 Münsterplatz ★ [E5]

Am Münsterplatz befindet sich auf der linken Seite ein dekorativer Bau, der heute die Sparkasse beherbergt. Früher befand sich hier das **Armenspital** der Elisabethinnen, die ein Gasthaus für Pilger und ein Pflegeheim für kranke und alte Männer unterhielten.

In der Mitte des Platzes steht der **Vinzenzbrunnen** (s. S. 39), auch Mariensäule genannt, den verschiedene Figuren zieren: den Vinzenz, Maria, den heiligen Foillan und Michael. Auf dem Platz finden regelmäßig Märkte, der Blumenmarkt, Flohmärkte und der Kunsthandwerkermarkt, statt.

› Münsterplatz, Bushaltestelle: Elisenbrunnen. Der Münsterplatz ist Teil der Route Charlemagne (s. S. 109).

## 14 St. Foillan ★ [E5]

In der kleinen Gasse neben dem Dom steht die Kirche St. Foillan, die erste Bürgerkirche in Aachen. Der **heilige Foillan,** dessen Reliquien sich in der Kirche befinden, wurde 656 von Räubern umgebracht. Um den Reliquien einen Platz zu geben, entstand um 1180 in der Nähe des Doms die Kirche St. Foillan. Hier gingen die normalen Bürger in Aachen zur Kirche. Bald war die Kirche zu klein und wurde 1482 durch einen dreischiffigen Bau im gotischen Stil ersetzt, wodurch die Kirche näher an den Dom rückte. Beide Gotteshäuser sind seitdem nur

# Die Stadt der Brunnen

Aachen, die Stadt des Heilwassers und der Kuranlagen, ist mit mehr als 80 Brunnen ausgestattet, die Wissenswertes über die Stadt und ihre Einwohner vermitteln:

★2 [E4] **Bahkauvbrunnen am Büchel,** von Wolf von Borries (1967). Die Kaiserquelle am Büchel ist überbaut und sprudelt unter dem modernen Gebäude gegenüber dem Kaiserbad. Die Bronzeskulptur des Brunnens basiert auf der Legende vom Bachkalb, oder wie die Aachener sagen, dem „Bahkauv": Danach bewachte das Bachkalb die Heilquellen und soll nachts heimkehrenden, betrunkenen Männern in den Nacken gesprungen sein. Dabei soll es erst Ruhe gegeben haben, wenn die Trinker gelobten, mit dem Laster des Alkohols zu brechen. Frauen soll das Bachkalb übrigens nie angefallen haben.

★3 [D5] **Fischpüddelchen am Fischmarkt.** Auf dem Platz am Fischmarkt steht ein Brunnen mit dem Fischpüddelchen, einer Figur, die 1911 von dem Bildhauer Hugo Lederer (1871–1940) geschaffen wurde: Ein kleiner nackter Junge, der in jeder Hand einen Fisch hält. Der nackte Junge rief heftige Diskussionen hervor, die fünf Jahre andauerten, so dass die Skulptur mehrmals abgebaut wurde, bis sie schließlich 1916 endgültig hierher zog. Früher holten die Aachener an dem Brunnen ihr Wasser. Es war das Wasser der Pau, eines Flüsschens, das früher über den Fischmarkt verlief. Der Paubach lief in Rinnen. Daher kommt der Name Rennbahn für die an den Fischmarkt angrenzende Straße. In der Rennbahn stand auch eine Mühle, woran heute noch in den Boden eingelassene Quader erinnern. Einige Meter weiter liegt am Ende der Klappergasse ein Archäologisches Fenster. Es zeigt eine Blausteinrinne aus dem 15./16. Jahrhundert, die auf einer Mauer aus dem 9./10. Jahrhundert liegt und Wasser zu einer Mühle führte, zur Brodermühle.

★4 [F3] **Hotmannspief,** Komphausbadstraße. Vor einer Brunnensäule stehen vergoldete Damen rund um den Brunnen, der die Form eines Obelisken hat. Hier holten sich die Aachener früher ihr Wasser. Geschaffen hat ihn Adam Franz Friedrich Leydel im Jahr 1829.

★5 [E4] **Hühnerbrunnen,** Hühnermarkt, von Hermann Joachim Pagels (1913). Auf ihm befindet sich die Skulptur eines Hühnerdiebs, der neben einem Huhn auch einen Hahn gestohlen hat. Dabei wird er allerdings durch das Krähen des Hahnes verraten. Die Skulptur ist nicht mehr das Original von 1913, sondern eine Kopie aus den 1950er-Jahren. Nur der Kranz mit den Küken ist noch original.

★6 [E5] **Kreislauf des Geldes,** Am Elisenbrunnen, von Karl Henning Seemann. Der von der Sparkasse Aachen gestiftete Brunnen zeigt, wie das Geld von einer Person zur anderen, von einer Hand in die andere gelangt, bis es dann in der Mitte des Brunnens verschwindet, wobei die einzelnen Menschen dabei ganz unterschiedlich mit Geld umgehen: Eine Dame, sie steht für den Geiz, hält ihr Geld fest. Die Herren reichen das Geld, teilweise hinter ihrem Rücken, weiter. Ein Mann, den beiden gegenüber, bückt sich so weit vor, um das Geld zu holen, dass er fast in den Brunnen fällt – er steht für die Gier. Und dann ist da noch der Vater, der seiner Tochter das Taschengeld in die Hand gibt.

★7 [F5] **Kugelbrunnen,** Adalbertstraße, von Albert Sous (1977). Der Kugelbrunnen aus Edelstahl besteht aus mehreren Waschmaschinentrommeln. Der Brunnen ist geschlossen und öffnet sich durch Wasserdruck, sodass eine Blume entsteht.

★8 [E5] **Möschebrunnen,** Kleiner Münsterplatz, von Bonifatius Stirnberg (1978). Der Brunnen steht auf dem kleinen Münsterplatz, auch Vogelmarkt genannt. „Mösche" werden in Aachen die Spatzen genannt, das Wasser ist Trinkwasser.

★9 [E5] **Vinzenzbrunnen,** Münsterplatz, von Friedrich Ark (1848), die Skulpturen von Gottfried Götting (1877). Die Säule des Brunnens erinnert an ein früheres Hospital auf dem Münsterplatz. Der heilige Vinzenz von Paul hält ein Baby im Arm. Um den Brunnen stehen weitere Figuren wie der Erzengel Michael und die Jungfrau Maria, die Schutzherrin des Doms. Die letzte Figur stellt den heiligen Follian dar, dem die erste Bürgerkirche in Aachen St. Follian 14 geweiht ist.

★10 [D5] **Wehrhafter Schmied,** Rennbahn, von Carl Burger (1908). Der Schmied erinnert an ein denkwürdiges Ereignis: Am 17. März 1278 drang Graf Wilhelm IV. von Jülich mit seinen drei Söhnen durch ein für ihn geöffnetes Stadttor in die Stadt ein. Aachen war Freie Reichs- und Handelsstadt und gehörte nicht zum Herrschaftsgebiet der Jülicher, was den Grafen ärgerte. Der Schmied stellte sich in der Jakobstraße den Eindringlingen entgegen und erschlug sie mit einem Hammer. Ob es wirklich ein Schmied war, ist nicht klar. Deshalb sind die Ärmel, für einen Schmied eigentlich verkehrt herum, aufgerollt. Vielleicht war es auch ein Fleischer. Egal, wer die vier erschlagen hatte, die Aachener mussten 1280 auf Geheiß König Rudolfs von Habsburg der Witwe des Grafen eine horrende Summe als Schadenersatz zahlen, nämlich 15.000 Mark. Zudem mussten sie vier Sühnealtäre aufstellen, von denen einer später durch diesen Brunnen ersetzt wurde.

*Der Brunnen „Kreislauf des Geldes" von Karl Henning Seemann*

noch durch eine schmale Gasse getrennt. Fassade und Turm von St. Foillan stammen von 1888. Doch wurde die Kirche durch einen Brand stark beschädigt und im Zweiten Weltkrieg fast völlig zerstört. Nur einige gotische Teile blieben erhalten. Unter dem Aachener Baumeister Leo Hugot wurde die Kirche 1956–1958 wieder aufgebaut und die gotischen Teile durch zeitgenössische Elemente ergänzt. So bildet die Kirche einen **Mix aus Alt und Neu:** Die neuen Kirchenfenster stammen von Wilhelm Buschulte (1958–1960). Die unter Denkmalschutz stehende **Klais-Orgel** wurde 1913 ursprünglich für das **Kornelimünster** 30 gebaut und 1963 nach St. Foillan gebracht. Durch den Brand in der Kirche an Silvester 2010/2011 wurde sie zwar nicht beschädigt, jedoch stark verschmutzt und musste aufwendig restauriert werden. Heute erstrahlt sie wieder in alter Pracht.

- Haltestellen: Elisenbrunnen
- Ursulinerstr. 1, Tel. 4703270, www.franziska-aachen.de/gemeinden/st-foillan, geöffnet: Mo./Do. 8–20, Di. 8–19, Mi. 8–21.30, Fr. 8–22, Sa. 9.30–19.30, So. 9.30–20.30 Uhr

039aa Abb.: hg

## 15 Fischmarkt mit Grashaus und Fischpüddelchen ★★ [D5]

Der Fischmarkt sieht noch so aus wie vor bald anderthalb Jahrhunderten. 1888 wurde hier zum letzten Mal neu gebaut: die zu Wohlstand gekommene Fischhändlerfamilie Lahaye ließ sich das Dreikaiserhaus Lahaye als Wohnhaus und Geschäft errichten. Links daneben steht das **Grashaus.** Es war das erste Bürgerhaus in Aachen und wurde 1267 erbaut. Im späten Mittelalter diente es auch als Gefängnis, in dem mit den Insassen nicht zimperlich umgegangen wurde, sodass einiges zu *grazen,* also zu jammern hatten. Vielleicht wurde das Haus aber einfach nach einer hier vorweg gestandenen Wiese, also dem Gras, benannt. Vom ursprünglichen Gebäude ist nur noch die Fassade erhalten. Das Gebäude dahinter entstand 1890 und war bis 2012 das Stadtarchiv. Nach seiner Renovierung wurde hier eine **Station Europa** der Route Charlemagne (s. S. 109) errichtet, die als Museum und Lernstation über das Thema Europa informiert.

Die **Fassade** zieren Figuren der sieben Kurfürsten: die drei Erzbischöfe von Mainz, Trier, Köln, der Herzog von Sachsen, der Pfalzgraf bei Rhein, der Markgraf von Brandenburg und der König von Böhmen. Deren Aufgabe war es, den künftigen Herrscher zu wählen. Dreißig von ihnen wurden zwischen 936 und 1531 in Aachen gekrönt. Auch noch der Anfang der Karlshymne ist zu erkennen.

Schräg gegenüber (am Domhof) steht ein Brunnen mit dem **Fischpüd-**

*Das Fischpüddelchen: der kleine Nackedei war viele Jahre umstritten*

**delchen:** Ein kleiner Junge, der zwei Fische im Arm hält, aus deren Maul Wasser spritzt. Hier, wo früher der Fischmarkt stattfand, verläuft das Flüsschen Pau, dessen Wasser oft als Taufwasser verwendet wird.

Hinter dem Brunnen steht die frühere Taufkirche, die Johanneskirche. Die Kapelle wurde 1766 auf den gotischen Mauerresten im barocken Stil neu errichtet. Eine Muschel in der Mauer Richtung Fischmarkt zeigt, dass der Jakobsweg durch Aachen verlief.

› Fischmarkt 1, Bushaltestelle: Elisenbrunnen, Tel. 4324956, www.grashaus-aachen.eu. Das Grashaus ist Teil der Route Charlemagne (s. S. 109).

# Studentenviertel – Pontviertel

*Westlich vom Marktplatz befindet sich Aachens Quartier Latin, das Pontviertel, mit der Rheinisch-Westfälischen Technischen Hochschule (RWTH) und zahlreichen gemütlichen Cafés, in denen nicht nur Studierende gerne einkehren. Die hier vorgestellten Sehenswürdigkeiten führen vom Markt die Pontstraße entlang bis zum Ponttor.*

## 16 Internationales Zeitungsmuseum ★★ [D4]

Das Internationale Zeitungsmuseum präsentiert mehr als 200.000 Zeitungen der Welt aus fünf Jahrhunderten und beherbergt damit eine der größten derartigen Sammlungen weltweit.

Begründet hat die Sammlung der in Minden geborene **Oskar von Forckenbeck** (1822–1898), der Privatgelehrter und Reisender war und fast alle Kontinente der Erde besuchte. Besonders das Sammeln von Zeitungen hatte es ihm angetan. 1886 präsentierte er sie erstmals in einer Ausstellung im damaligen Suermondt-Museum. Als er im Jahr 1898 starb, hinterließ er insgesamt 80.000 Zeitungen und 1500 Bücher, die seine Frau der Stadt Aachen übertrug.

Das Zeitungsmuseum wurde 1931 in der Pontstraße eingerichtet und 1962 nach umfangreichen Instandsetzungsarbeiten wiedereröffnet.

Im zweiten Stock befindet sich ein **Zeitungsarchiv**, das zu den umfassendsten Zeitungsarchiven der Welt gehört und vom 16. Jahrhundert bis in die heutige Zeit reicht. Das Museum ist in einem der ältesten Wohnhäuser der Stadt untergebracht und stammt aus dem 15. Jahrhundert. Es ist eines der wenigen noch erhaltenen Privathäuser aus Stein aus dem Mittelalter. Der Schöffe Heinrich Dollart ließ es 1495 umbauen. Es wech-

MEIN TIPP

### Zeitunglesen im Café oronero

Das **oronero** (s. S. 78) ist ein Newscafé im Internationalen Zeitungsmuseum 16. Es bietet Platz für 30 Gäste. Hier gibt es italienischen Kaffee und dazu erhalten Besucher jeden Tag eine Auswahl deutschsprachiger Zeitungen. Das Gebäude ist eines der ältesten Wohnhäuser der Stadt. Außen ist noch die typische Fassade aus Blaustein zu sehen, der als Material in der Gegend um Aachen verwendet wurde. Bei schönem Wetter ist die kleine Terrasse geöffnet.

KURZ & KNAPP

### Geburtsort der Nachrichtenagentur Reuters

In der Pontstraße 117 erinnert eine Tafel an die Anfänge der weltweit größten internationalen Nachrichtenagentur. Paul Julius Reuter gründete sie hier 1849 als „Institut zur Beförderung telegraphischer Depeschen". Anderhalb Jahrhunderte war London der Hauptsitz von Reuters. Nach der Vereinigung mit Thomson Reuters 2008 ist die Zentrale in New York. Die Tafel ist direkt am Noima by Reuters House (s. S. 72) angebracht, einem Restaurant mit griechischer Küche.

041aa Abb.: hg

selte mehrfach den Besitzer, bis es 1660 in den Besitz der Stadt kam. Seitdem wurde es mehrfach umgebaut und hatte verschiedene Funktionen. So war es zum Beispiel zur Zeit Napoleons ein Zollamt und unter den Preußen ab 1854 ein Polizeigebäude. 1931 schließlich wurde das Haus Sitz des Zeitungsmuseums.

› Pontstr. 13, Tel. 4324910, www.izm.de, Eintritt 6 €, erm. 3 €, bis 21 Jahre frei, Eintritt auch mit der Museumscard „Six for Six" (s. S. 28), bei herausragenden Wechselausstellungen bis zu 15 €, geöffnet: Di.–So. 10–17 Uhr, sonntags Führung 14 Uhr. Das Museum ist Teil der Route Charlemagne (s. S. 109).
› Haltestelle: Ponttor, Bus 3A, 3B, 7, 13A, 13B, 16, 17, 27, 30, 33, 37, 41, 44, 47
› Die Bibliothek enthält über 3000 Bände Fachliteratur zum Thema Medien, die Bestände des Zeitungsarchivs können nach Anmeldung eingesehen werden, ein Großteil ist online abrufbar.

*Die Uniklinik der RWTH fällt durch ihre ungewöhnlichen Farben und die freiliegenden Rohre auf*

### 17 SuperC der Technischen Hochschule ★★ [C3]

Das moderne, 2008 erbaute Gebäude des SuperC der Rheinisch-Westfälischen Technischen Hochschule (RWTH) Aachen (siehe rechts) verdankt seinen Namen seiner außergewöhnlichen Form: ein riesiges „C". Über dem Glasgebäude erhebt sich eine Dachetage mit vorgezogenem Dach. Über der siebten Etage haben die Studierenden einen wunderbaren Blick über die Altstadt Aachens.

Die Pläne stammen von zwei Architektinnen: Susanne Fritzer und Eva-Maria Pape. Nachts wird das Gebäude blau angeleuchtet. Das SuperC ist das Service-Zentrum der RWTH, in dem das **Studierendensekretariat** und das Akademische Auslands- und Prüfungsamt untergebracht sind. Im Erdgeschoss betreibt das Studierendenwerk ein Café.

› Technische Hochschule, Bus 13A, 13B. Das SuperC ist Teil der Route Charlemagne (s. S. 109).

# Technische Hochschule (RWTH) Aachen

Aachen ist für seine Technische Hochschule, die **Rheinisch-Westfälische Technische Hochschule** (RWTH), bekannt. Sie wurde 1870 eröffnet und prägt bis heute die Stadt im Allgemeinen und das Pontviertel als Studentenviertel im Besonderen. Die einzelnen Gebäude wie z. B. Audimax, Mensa und Studierendenwerk sind über das Viertel verteilt. Das Auditorium Maximum wurde 1952 errichtet, fasst bis zu 1000 Studierende und wird auch für Kulturveranstaltungen genutzt. Dem Gebäude gegenüber liegen die Mensa und das Studierendenwerk. Das Humboldt-Haus, ein ehemaliges Karmeliterkloster, ist heute Treffpunkt der vielen ausländischen Studierenden, die die Uni aus aller Welt anzieht.

Die etwa 45.000 Studierenden der RWTH, übrigens zu knapp 70 Prozent Männer, sind in mehr als 150 Studiengängen eingeschrieben. Seit 2007 hat die RWTH den Status einer Exzellenz-Universität und erhält so zusätzliche Fördergelder. Sie bietet in neun Fakultäten fast die gesamte Palette an Studienfächern, Schwerpunkte sind Biologie und Informatik. Die Zahl der Studierenden ist inzwischen so stark angewachsen, dass die Hochschulgebäude im Pontviertel nicht mehr ausreichen, sondern sich bis weit in den Westen der Stadt verteilen.

Auch die **Uniklinik** liegt nicht im Pontviertel, sondern im Westen der Stadt und ist so auch aus Richtung der Niederlande leicht zu erreichen. Das hochmoderne Klinikum erstrahlt in ungewöhnlichen Farben, auffallend sind auch die freiliegenden Rohre. Im Jahr 2008 wurde es unter Denkmalschutz gestellt, weil es weltweit das erste in Hightech-Architektur errichtete Krankenhaus ist und mit seiner nach außen gekehrten Hauslogistik an das **Centre Pompidou** in Paris erinnert. Gebaut wurde es nach Plänen von Benno Schachner von 1973 bis 1983. Es ist ca. 250 Meter lang und ca. 140 Meter breit, wird durch 24 Türme markiert und verfügt über 6600 Räume. Zur Uniklinik gehören insgesamt 60 Kliniken und Institute.

› Pauwelsstraße 30, www.ukaachen.de

042aa Abb.: ©Dan Race, stock.adobe.com

### 18 Ponttor ★ [C2]

Die Pontstraße zieht sich durch das gleichnamige Viertel: vom Markt in der Altstadt bis zum Ponttor. Woher der Name stammt, ist unklar – eventuell vom lateinischen *pons* für Brücke. Zur Zeit der Römer soll im Norden der kleinen römischen Siedlung eine Brücke über das sumpfige Gebiet beziehungsweise über einen Fluss geführt haben. Das Ponttor ist ein Doppeltor und wurde zwischen 1257 und 1350 errichtet. Als einziges Stadttor hat es eine Vorburg und eine Hauptburg.

Der Verlauf der alten **Stadtmauer** ist noch erkennbar und entspricht dem (heutigen) Alleenring, der auf den Resten der zweiten Stadtmauer errichtet wurde. Insgesamt hatte die Mauer 22 Türme und 11 Tore und war 5,8 km lang.

Zusammen mit dem **Marschiertor** 20 im Süden gehört das Ponttor zu den noch erhaltenen Toren. Über dem Torbogen der Hauptburg befindet sich eine gotische Madonna, die auf Maria als Schutzpatronin der Stadt verweist.

› Ponttor, Bushaltestelle Ponttor, u. a. die Buslinien 3A, 3B, 7, 13A, 13B, 17

## Östlich und südlich der Altstadt

### 19 Adalbertkirche ★ [G5]

Die Adalbertkirche wurde in der Zeit um 1005 gebaut. Gestiftet hat sie damals Otto III., auch wenn als Stifter im Sockel der Kirche Heinrich II. zu sehen ist, da er die Kirche fertig bauen ließ.

In der Kirche befindet sich die Schädelreliquie des **heiligen Adalbert** von Prag. 1876 wurde die ehemalige Stiftskirche im neoromanischen Stil neu gestaltet, im Zweiten Weltkrieg weitgehend zerstört und danach unter der Leitung von Dombaumeister Joseph Buchkremer wieder aufgebaut. In der Kirche werden zahlreiche weitere Reliquien aufbewahrt.

› Haltestelle Kaiserplatz, Bus 2, 3A, 3B, 4, 5, 12, 13A, 13B, 15, 22, 23, 25, 35, 45, 47, 55, 66

› Adalbertstift 1–3, Tel. 30725, www.franziska-aachen.de, geöffnet: So. 10.30–13.30 und am 1./3. So. im Monat 17.30–19, Mo. 17.45–19, am 2./4. Sa. im Monat 15–17 Uhr

### 20 Marschiertor ★ [E7]

Das Marschiertor liegt im Süden der Altstadt von Aachen. Es gehört neben dem **Ponttor** 18 zu den noch erhaltenen Toren der ehemals elf Tore der zweiten äußeren Stadtmauer. Das Marschiertor ist im 13./14. Jahrhundert entstanden und bildete das Grenztor zu **Burtscheid** 28, das früher ein eigenständiger Ort war.

Heutzutage ist das Marschiertor Sitz der Aachener Karnevalsgesellschaft, der Stadtgarde Öcher Penn.

› Marschiertor, Haltestelle Misereor, Bus 2, 3A, 3B, 11, 13A, 13B, 14, 21, 31, 43, 51, 53

*Pilger machten auf dem Weg nach Santiago de Compostela in Aachen Station. Eine Route führt an der Kirche St. Jakob vorbei.*

# Westlich der Altstadt

## 21 St. Jakob ★★ [B6]

Die Kirche ist dem heiligen Jakob geweiht. Sie war, wenn Pilger vom Aachener Dom kamen, die nächste Station der Jakobs-Pilger auf dem Weg nach **Santiago de Compostela.** Im Mittelalter ging die Legende, dass Kaiser Karl der Große bei seiner Rückkehr auf dem Jakobsweg hier eine Kirche gegründet habe. Allerdings gibt es keinen historischen Hinweis darauf, dass Karl der Große je wirklich auf dem Jakobsweg gepilgert ist. Die Kirche wurde an einer Gabelung errichtet. An ihr konnten sich die Pilger entscheiden, ob sie durch das Jakobstor direkt nach Santiago de Compostela gehen oder ob sie einen kleinen Abstecher nach Maastricht zu den Reliquien des Heiligen Servatius unternehmen wollten.

Die kleine Kirche wird im 12. Jahrhundert zum ersten Mal erwähnt und der ursprüngliche Bau 1885 durch einen Neubau nach Plänen von Heinrich Wiethase und Eduard Linse ersetzt. Ein Denkmal gegenüber der Kirche zeigt eine Darstellung des Kalvarienbergs von Wilhelm Pohl und Carl Esser.

Die Kirche wurde im Zweiten Weltkrieg stark beschädigt und wieder aufgebaut. Der **Innenraum** ist blaugrün, der Chorraum wurde Mitte der 1970er-Jahre von Leo Hugot neu gestaltet. Auf den **heiligen Jakob** weisen im Inneren zahlreiche Elemente und Figuren hin: zum Beispiel eine Jakobsfigur aus Holz mit Pilgerstab, die Jakobsmuschel, der hl. Jakob an der Kanzel sowie auf einem Fenster im rechten Seitenschiff. Die mehr als 600 Jahre alte Jakobsglocke ertönt jede Viertelstunde.

› Bushaltestelle Jakobsplatz, Bus 4, 24
› Jakobsplatz 5, Tel. 28531, https://pfarrei-sankt-jakob.de, geöffnet: tgl. 8–18 Uhr

043aa Abb.: hg

# Außerhalb des Stadtzentrums

## 22 Lousberg mit Drehturm Belvedere ★★★ [ce]

*Am Lousberg wurden schon 3000 v. Chr. Feuersteine abgebaut. Er ist mit 264 Metern die höchste Erhebung in der Stadt. Anfang des 19. Jahrhunderts wurde er als Landschaftspark gestaltet und ist heute ein beliebtes Ausflugsziel.*

Der Lousberg liegt im Norden der Stadt und ist mit dem Bus gut zu erreichen. Direkt hinter der Haltestelle führt ein Weg rechts hoch auf den Lousberg. *Lous* bedeutet im Öcher-Platt schlau. Der Name spielt darauf an, wie der Lousberg einer Sage zufolge entstanden ist, bei dem eine schlaue Marktfrau den Teufel, der Aachen unter Sand begraben wollte, ausgetrickst (s. S. 47) hat. So sollen der Lousberg sowie der danebenliegende Salvatorberg entstanden sein. Die Bronzefigur **„Der Teufel und das Marktweib"** von Krista Löneke-Kemmerling (1985, s. S. 34) erinnert an diese alte Geschichte.

121aa Abb.: ©Dan Race, stock.adobe.com

Bereits 3000 v. Chr. ist der Lousberg als Steinbruch zum Abbau von Feuerstein genutzt worden, aus dem Werkzeuge und Waffen gefertigt wurden. Vor dem Monument „Der Teufel und das Marktweib" weist ein Schild zum Drehturm Belvedere hinauf. Der Weg führt an der Belvederallee vorbei zum **Kerstenschen Pavillon.** Er war ein Gartenpavillon der Familie Mantels, der 1737 nach Plänen des Aachener Stadtbaumeisters Johann Joseph Couven (s. S. 31) erbaut wurde. 1906 kaufte ihn die Stadt Aachen und versetzte ihn an den Lousberg, heute wird er von der **Lousberg-Gesellschaft** genutzt.

Ein Stück weiter auf dem Weg befindet sich auf einer Lichtung eine doppelte Säulenreihe, die von den Aachenern **Akropolis** genannt wird und die Überreste eines ehemaligen Restaurants darstellt: sechs Säulen auf der einen Seite, sechs auf der anderen. Das Restaurant war 1836 von Friedrich Ark und Adam Friedrich Leydel gebaut worden und wurde im Zweiten Weltkrieg zerstört, nur die Säulen sind übrig. Hinter der Akropolis befindet sich ein modernes Wassertretbecken. Der Weg führt weiter zum Plateau hinauf. Der Lousberg ist mit 164 m die höchste Erhebung in Aachen. Bis zur Besetzung durch die Franzosen am Ende des 18. Jahrhundert war der Lousberg kahl. Dann schuf Maximilian Friedrich Weyhe Anfang des 19. Jahr-

☒ *Ein beliebtes Ausflugsziel: der Lousberg im Norden der Stadt*

## Die Lousberg-Sage

Um den Lousberg rankt sich eine Sage, die an die Dombausage (s. S. 22) anknüpft, in der der Teufel von den Aachenern ausgetrickst worden war und statt der versprochenen Menschenseele nur die Seele eines Wolfs erhalten und dabei noch seinen Daumen in der Domtür verloren hatte. Dafür wollte sich der Teufel rächen und beschloss, die Stadt unter einem riesigen Sandberg zu begraben. Mit einem prall gefüllten Sack beladen, in dem sich der Sand befand, machte sich der Teufel auf den Weg in die Stadt. Unterwegs begegnete ihm eine Marktfrau, die den Teufel schnell an seinem Pferdefuß erkannte. Sie überlistete ihn, indem sie ihn mit einem Gespräch ablenkte und heimlich ihren Rosenkranz auf den Sack legte. Dieser brach auf der Stelle auseinander, so dass die Stadt nicht im Sand vergraben werden konnte. Stattdessen entstanden zwei Berge: der Lousberg und der Salvatorberg.

hunderts einen englischen Garten. 1807 wurde mit den Arbeiten begonnen. 36.000 Tonnen Erde wurden auf den Berg transportiert. Damit gehört der Lousberg zu den ältesten Berg-Bürgerparkanlagen Europas. Die Aachener gehen hier gern spazieren. Oben auf dem Plateau befindet sich der ehemalige **Wasserturm** von 1957. An einem Aussichtspunkt am Ende des Plateaus steht seit 1807 ein **Obelisk.** Von hier hat man einen wunderbaren Blick über den Aachener Talkessel, zum **Sportpark Soers** ㉓ mit dem Fußballstadion Tivoli und dem Reitstadion der Soers. Neben dem Obelisken führen Treppen wieder zur Lichtung nach Süden hinunter. Geht man stattdessen Richtung Norden, kommt man zu einem Aussichtspunkt, an dem **Hängematten** aus Edelstahl den Spaziergänger zu einer kleinen Pause einladen (s. links).

MEIN TIPP

### Hängematten zum Entspannen

An der Nordseite des Lousbergs, auf der Lousbergterrasse, lässt es sich gut abhängen. Hier sind Hängematten aus Stahl aufgespannt. Man kann in den Matten liegen und dabei ganz entspannt über die vor einem liegende Landschaft blicken. Der Blick geht über die **Soers.**

› **Lousberg,** Bushaltestelle: Ehrenmal/Lousberg, Bus 3A, 3B, 13A, 13B, 30
› Im Sommer befindet sich vor dem Drehturm ein Kiosk, der kleine Snacks und Getränke anbietet.
› **Lousberg-Gesellschaft,** Belvedereallee 1, Tel. 156742, www.lousberg-gesellschaft.de, geöffnet: Mi. und Sa. 15–17, Nov. 14–16 Uhr, Dez.–Feb. und in den Sommerferien geschlossen

## ㉓ Sportpark Soers ★ [ce]

Das Reitstadion und der Tivoli befinden sich im Sportpark Soers beziehungsweise in der Soers – einem eher ländlichen Ortsteil von Aachen im Norden der Stadt. Der Aachen-Laurensberger Rennverein, der das Weltfest des Pferdesports ausrichtet, und die Alemannia Aachen (s. S. 48) nutzen einen Teil der Sportstätten, Parkplätze und Grünflächen gemeinsam. Im Reitstadion wird das jährlich stattfindende große Weltfest des

# Alemannia Aachen

Der **Fußballclub** Alemannia Aachen ist heute der größte Sportverein der Stadt. Gegründet wurde er am 16. Dezember 1900 als Fußballclub Aachen und erhielt den Namen Alemannia Aachen. Seit 1924 nannte er sich Aachener Turn- und Sportverein Alemannia 1900 e. V. (kurz: ATSV Alemannia). Im Laufe der Zeit kamen unter anderem die Sportarten Handball, Leichtathletik, Tischtennis und Volleyball dazu. Seit 2009 bietet der Verein Frauenfußball an. Die Vereinsfarben sind schwarz-gelb.

Der Fußballverein spielte von 1967 bis 1970 sowie in der Saison 2006/07 in der **Ersten Bundesliga.** Bereits 1938 war der Verein so erfolgreich, dass er an der Endrunde um die Deutsche Meisterschaft teilnahm. 1947 konnte sich der Verein für die neu gegründete Oberliga West qualifizieren, der er bis 1963 angehörte. Damit zählte er zusammen mit Borussia Dortmund und dem FC Schalke 04 zu den drei durchgängig in der Oberliga West spielenden Vereinen. 1963 wurde die Bundesliga gegründet, Alemannia Aachen jedoch nicht aufgenommen. Doch der Verein ließ sich nicht entmutigen. 1964 wurde er Meister der Regionalliga und 1965 Vizemeister. Schließlich gelang 1967 der Aufstieg in die Bundesliga und 1969 konnte der Verein die Saison sogar als **Vizemeister** beenden. Zum Erfolg trug maßgeblich Hans-Jürgen Ferdinand bei. Er erzielte in der Aufstiegsrunde acht Treffer.

Doch bereits 1970 kam wieder der Abstieg. Erst 36 Jahre später, in der Saison 2006/07, gelang der Aufstieg erneut. Jedoch nur für ein Jahr, dann stieg Alemannia Aachen wieder ab – und zwar mehrmals. Seit 2012/13 spielt der Club in der Regionalliga West und ist damit **viertklassig.**

Gespielt wurde seit 1928 im alten **Tivoli Stadion** an der Krefelder Straße. In den 1950er-Jahren gastierten namhafte Mannschaften wie Manchester City, Espanyol Barcelona, Olympique Marseille, Lokomotive Moskau oder Flamenco Rio de Janeiro zu Testspielen im Tivoli. Die Kapazität des Stadions betrug 3632 überdachte Sitzplätze und 5800 überdachte Stehplätze.

2008 wurde mit dem Bau des neuen Stadions im **Sportpark Soers** 23 begonnen, das 2009 eingeweiht wurde. 32.960 Plätze stehen hier zur Verfügung. Doch finanzielle Schwierigkeiten, vor allem durch den Bau des neuen Tivoli verursacht, bedrohen seitdem den Verein in seiner Existenz. Ende 2012 wurde ein **Insolvenzantrag** gestellt, sechs Monate später ein Verfahren eröffnet, das jedoch Ende 2013 beendet werden konnte.

Seit 2013 spielt der Verein in der Regionalliga West. In der Saison 2014/2015 sicherte er sich den Zweiten Platz. Im Juni 2015 wurde Christian Benbennek neuer Trainer, musste aber bereits im Dezember 2015 wieder gehen. Nach Interims-Trainern übernahm Fuat Kılıç die Mannschaft. Die Spielzeit 2015/2016 beendete der Verein als Siebter der Regionalliga. 2017 wurde schließlich zum zweiten Mal ein Insolvenzantrag gestellt.

› www.alemannia-aachen.de

› Tickets und Fußball-Accessoires sind unter www.alemannia-tickets.de bzw. www.alemannia-shop.de erhältlich, Tel. 93840324 (Fanshop) oder Tel. 93840404 (Ticketing).

Pferdesports veranstaltet, das **CHIO** (Concours Hippique International Officiel, s. S. 11) – oder wie die Aachener sagen – *dat Schio.*

Für Fußballfreunde ein Muss: das **Fußballstadion Tivoli** von **Alemannia Aachen.** Von oben ist vor allem das gelbe Dach zu sehen, das die Tribünen schützt, von außen ist der gelbe Bau sofort als Stadion zu erkennen. Der Tivoli liegt nicht weit vom Turniergelände in der Soers entfernt.

› Haltestelle: Sportpark Soers, Bus 30, 51, 151
› Sportpark Soers

KURZ & KNAPP

**Karli – Das Maskottchen des CHIO Aachen**

Karli ist 2,30 m groß und aus Plüsch. Es ist das Maskottchen des CHIO und drückt kräftig die „Hufe" beim Weltfest des Pferdesports. Seinen Namen hat es nach Kaiser Karl dem Großen. Also am besten nicht wundern, wenn Karli in und um das Reitstadion unterwegs ist. Wem Karli gefällt, der kann das Plüschmaskottchen auch in kleinerer Ausgabe erwerben.

## 24 Neues Kurviertel und Stadtgarten ★ [G2]

Der unter Denkmalschutz stehende Stadtgarten ist 1852 unter der Leitung von Peter Joseph Lenné (1789–1866), dem königlichen Landschaftsgärtner, entstanden. 1855 kam noch ein **Botanischer Garten** dazu und Anfang des 20. Jahrhunderts wurden die Kuranlagen mit dem Kurhotel Quellenhof (s. S. 125) sowie einem Kurhaus errichtet. Der Stadtgarten wurde dann zum **Kurpark** umfunktioniert. Im Kurhotel Quellenhof logierte die **Prominenz**, wenn sie zur Kur weilte. Promenaden, eine Rollschuhbahn, Tennisplätze, ein Teich und ein Musikpavillon wurden extra zum Amüsement der feinen Gesellschaft geschaffen. Das Veranstaltungszentrum **Eurogress** (s. S. 82) und das Casino befinden sich zwischen dem Kurhaus und dem Kurhotel Quellen-

*Anfang des 20. Jh. sind die neuen Kuranlagen entstanden. Hier weilte die Prominenz während ihrer Kur.*

045aa Abb.: ©BildPix.de, stock.adobe.com

KURZ & KNAPP

**Anne-Frank-Gedenktafel**

In der Monheimsallee am Kurpark erinnert eine Gedenktafel an Anne Frank (1929–1945). In der ehemaligen Villa von Moritz Honigmann (Monheimsallee 42–44) – sie wurde im Zweiten Weltkrieg zerstört – hielten sich ab 1932 die Großeltern von Anne Frank auf und bewohnten ein Appartement. Anne Frank lebte hier von Juli 1933 bis Januar 1934, bevor sie in die Niederlande flüchtete. Die Tagebücher des jüdischen Mädchens Anne Frank sind international bekannt geworden. Monatelang hielt sich die Familie auf engstem Raum versteckt, bis sie schließlich entdeckt, deportiert und ermordet wurde.

hof. 1925–28 wurde der Stadtgarten um den Wilhelm-Farwick-Park vergrößert und nach einem ehemaligen Aachener Oberbürgermeister benannt. Hier liegt der Rosengarten. Eine Lindenallee führt vom Kurhaus zum 195 Meter hohen **Wingertsberg** mit seinen 100 Rebstöcken. Von hier hat man auch einen wunderbaren Blick über die Stadt. Im Osten des Stadtgartens liegen die Carolus-Thermen (s. S. 121), ein modernes Freizeit- und Wellnessbad. Im kleinen Park davor befindet sich das Kongress-Denkmal zur Erinnerung an den Monarchen-Kongress 1818 in Aachen, das 1844 von Karl Friedrich Schinkel erbaut wurde. Auch das NAK des Neuen Aachener Kunstvereins (s. S. 62) präsentiert in den Ausstellungsräumen hier zeitgenössische Kunst. Im Stadtgarten befinden sich weiterhin ein Spielplatz und eine Minigolfanlage (s. S. 119).

› Bushaltestelle: Eurogress/Spielcasino, Bus 3A, 3B, 13A, 13B, 54
› Monheimsallee 48

## 25 Ostfriedhof ★ [J4]

Der Ostfriedhof ist einer der ältesten noch aktiven Friedhöfe in Aachen, auf dem seit 1803 Bürger von Aachen bestattet werden. Inzwischen sind nur noch Urnenbestattungen zulässig. Mit seinen **Grabbauten** gilt er als einer der schönsten Friedhöfe der Stadt. 90 Prozent des Friedhofs und der Gebäude darauf stehen unter Denkmalschutz.

› Bushaltestelle: Josefskirche, Bus 2,5, 12, 15, 22, 23, 25, 35, 45, 47, 55, 65, 66, 73
› Adalbertsteinweg 123, 1. März–30. Sept. Mo.–Fr. 7–19, Sa. 8–17, So./feiertags 8–17 Uhr; 1. Okt.–2. Nov. Mo.–Fr. 8–18, Sa. 8–17, So./feiertags 8–17 Uhr; 3. Nov.–28. Febr. tgl. (auch feiertags) 8–17 Uhr

## 26 Ludwig Forum für Internationale Kunst ★★★ [I2]

Mehr als 3000 Werke internationaler Künstler aus dem 20. Jahrhundert enthält die Sammlung des Ludwig Forums.

Auf 6000 Quadratmetern sind von amerikanischer Pop-Art über Kunst der 1980er- und 1990er-Jahre bis hin zu aktuellen Tendenzen Künstler zu sehen, die die Kunstgeschichte geprägt haben. Große Namen wie Andy Warhol, Roy Lichtenstein, Georg Baselitz, Nam June Paik, Keith Haring, Duane Hanson mit seiner „Supermarket Lady“, Ai Weiwei und viele andere stehen für die Qualität der Ausstellung.

Die Werke stammen vor allem aus dem Besitz des Aachener Sammlerehepaars Peter und Irene Ludwig, die seit 1968 Kunst aus Amerika, der DDR, Russland, Lateinamerika (vor allem Kuba) und China gesammelt haben. Dazu kommen ca. 200 Werke der **Videokunst.**

Die Sammlung wird ergänzt durch regelmäßige Wechselausstellungen sowie zahlreiche Veranstaltungen und Themenführungen. 1991 zog das Museum in die ehemalige **Schirmfabrik Emil Brauer,** dessen Gebäude im Bauhausstil gehalten ist. Weiterhin sind im Hof und Garten Werke zu sehen. 2014 nahm Aachen an dem Projekt „Kunst im öffentlichen Raum in NRW" teil. Die meisten Werke befinden sich im Ludwig Forum für Internationale Kunst, zum Beispiel der „Ballerina Clown" von Jonathan Borofsky oder „Colossal Ashtray" von Claes Oldenburg.

An das Museum ist der **LUFO-Park** angeschlossen. Der im Jahr 2011 neu gestaltete Garten ist die grüne Oase neben der Fabrik. Als Gesamtkunstwerk, geschaffen von den drei Landschaftsarchitekten Marc Pouzol, Véronique Faucheur und Marc Vatinel, nahm er ebenfalls an dem NRW-Projekt teil.

› Haltestelle Ludwig Forum, Bus 1, 11, 16, 21, 31, 41, 52
› Jülicher Str. 97–109, Tel. 1807104, www.ludwigforum.de, Di.–So. 10–17, Do. bis 20 Uhr, Eintritt 6 €, erm. 3 €, bis 21 Jahre frei, öffentliche Führung Do. 17 und So. 15 Uhr (2 € zzgl. Museumseintritt). Kombiticket „Auf ins Museum" für Suermondt-Ludwig-Museum und Ludwig Forum (sowie sechs weitere Museen in der Umgebung) 25 €, Eintritt auch mit der Museumscard „Six for Six" (14 €, erm. 10 €, s. S. 28)

063aa Abb.: ck

*Der „Ballerina Clown" von Jonathan Borofsky (s. S. 65) im Hof des Ludwig Forums* 26

## 27 Frankenberger Viertel ★★ [I7]

Das Frankenberger Viertel liegt südöstlich des Zentrums und ist eines der Szeneviertel Aachens. Vor allem die vielen gut erhaltenen Jugendstilgebäude bzw. klassizistischen Bauwerke geben diesem Viertel ein eigenes Flair. Inbesondere die Viktoriaallee, Bismarckstraße und Oppenhoffallee sind von Prachtbauten dieser Stilepochen gesäumt. Zentrum des Viertels ist der Neumarkt. Den Namen hat das Viertel von der Frankenburg, die sich mitten im Viertel erhebt und von einem kleinen Park umgeben ist. Die

MEIN TIPP

### Frankenberger Alleenfest

Im Frankenberger Viertel findet am letzten Sonntag im August auf dem grünen Mittelstreifen der Oppenhoff- und Viktorialallee ein Fest der Anwohner des Viertels statt: mit Essen, Trinken, Musik und einem kleinen Flohmarkt. Infos: http://wir-frankenberger.de.

# Franz Oppenhoff und die Befreiung Aachens 1944

Aufgrund der starken Zerstörung lebten von den ursprünglich 160.000 Einwohnern Ende 1944 nur noch knapp 25.000 in Aachen. Die Eroberung der Stadt durch amerikanische Truppen im Oktober 1944 fand seinerzeit unter den Deutschen eine hohe Beachtung – schließlich handelte es sich um die erste große Stadt, die von den Alliierten eingenommen wurde. Für die Deutschen Soldaten galt Hitlers Befehl der Verteidigung „bis zum letzten Mann". Der dafür in den letzten Wochen eingesetzte Oberst Gerhard Wilck ließ zuletzt heroische Funksprüche versenden, kapitulierte aber schließlich am 21. Oktober 1944.

Aachen stand nun unter der Befehlsgewalt der Amerikaner. Als neuen Oberbürgermeister von Aachen setzten sie Franz Oppenhoff (1902–1945) ein. Der Rechtsanwalt stammte aus einer gutbürgerlichen, angesehenen Juristen-Familie. Als überzeugter Katholik vertrat er in mehreren Prozessen Geistliche gegen die Nazis. Schließlich wurde seine Kanzlei zwangsweise schlossen. Während des Krieges war Oppenhoff kaufmännischer Leiter eines Rüstungsbetriebes. Der Bischof von Aachen, Johannes Joseph van der Velden, empfahl Oppenhoff den Amerikanern.

Am 31. Oktober 1944 übernahm Oppenhoff die Leitung der deutschen Zivilverwaltung Aachens. Als Konservativer bezog er keine Sozialdemokraten, Kommunisten oder Gewerkschafter in die Übergangsregierung ein, machte sich jedoch unverzüglich an die Arbeit. Die Versorgungsnetze (Gas, Wasser, Strom usw.) mussten wieder hergestellt und Schuttberge beseitigt werden.

Oppenhoff musste mit Anschlägen durch Nazis rechnen. Deshalb wurden zu seinem Schutz weder Fotos veröffentlicht, noch sein Name in der Presse genannt. Obwohl er erklärte, dass „nichts gegen die deutsche Wehrmacht unternommen werden darf" wurde zu seiner Ermordung aufgerufen. Am 25. März 1945 wurde Oppenhoff von einem Werwolfkommando vor seiner Wohnung ermordet. Hierbei handelte es sich um Fallschirmspringer, die im Auftrag Heinrich Himmlers mordeten. Dennoch erhielten sie in den 1950er-Jahren auffällig milde Gefängnisstrafen. Oppenhoff wurde auf dem Ostfriedhof beerdigt. Bereits 1947 wurde die vorherige Kaiserallee in Oppenhoffallee umbenannt und später dort auch ein Mahnmal errichtet.

064aa Abb.: hg

*Eine Gedenktafel in der Oppenhoffallee erinnert an den 1945 ermordeten Franz Oppenhoff*

Burg ist Ende des 13. Jh. errichtet worden und heute im Besitz der Stadt.

Viele Jahre wurde sie als Museum für Stadtgeschichte genutzt. 2014 ist sie – nach längerer Renovierung – Sitz eines Kulturzentrums geworden.

Eine der Prachtstraßen ist die **Oppenhoffallee.** Sie erinnert an Franz Oppenhoff (1902–1945), der im März 1945 als von Amerikanern eingesetzter Bürgermeister Aachens von Nazis ermordet wurde (s. Exkurs s. S. 52). Die Allee ist in der Mitte von einem Grünstreifen durchzogen. Ein Denkmal aus Stelen erinnert an das Engagement Franz Oppenhoffs für die Stadt. Eine Vielzahl von Cafés, Kneipen und Restaurants sowie kleinen Läden findet sich sowohl in der Oppenhoffallee als auch in den Querstraßen wie der Viktoriaallee oder Bismarckstraße und rund um den Neumarkt. Kleine Buchläden, Design- oder Blumenläden ergänzen das Angebot.

› Frankenberg, Bus 33
› Oppenhoffallee, Infos unter: www.frankenbergerviertel.de

## 28 Burtscheid ★★★ [cf]

*Burtscheid ist bereits seit vielen Jahrhunderten aufgrund seiner heißen Quellen beliebt. Ursprünglich ein eigener Kurort, ist er heute eingemeindet und ein beliebtes Viertel der Stadt – mit Kuranlagen, Markt, sehenswerten Kirchen, Geschäften, Restaurants und dem beliebten Ferberpark. In der Kirche St. Johann befindet sich zudem einer der bedeutendsten Kirchenschätze der Stadt.*

Bereits im ersten Jahrhundert wurde der Ort entdeckt und hieß damals *Burcido*. Schon damals gab es hier eine **römische Badeanlage.** 1957 fand man bei Ausgrabungen einen Weihestein, dessen Inschrift darauf hinwies, dass hier ein römischer Offizier durch das Bad wieder gesund wurde. Dieser Weihestein liegt heute im Gebiet der Reha-Klinik Schwertbad.

Bis heute ist Burtscheid ein wichtiger Kurort mit eigenen Kuranlagen. Die **Burtscheider Quellen** kommen aus 3000 Meter Tiefe und lösen auf ihrem Weg an die Oberfläche Mineralien aus dem Gestein. Daher verfügt ihr Wasser über eine spezielle Mischung konzentrierter Mineralien. Sie gehören mit 73,1 °C zu den heißesten Quellen Mitteleuropas. Aufgrund dieser Hitze bildet sich kein nach „faulen Eiern" riechender Schwefelwasserstoff. Oben angekommen, wird das Wasser der Quellen mit kaltem Bachwasser abgekühlt. Nur so kann das Quellwasser zum Baden verwendet werden.

In Burtscheid gibt es mehrere Kurkliniken und zur Entspannung einen **Kurgarten,** in dem die Gäste spazieren gehen oder im Café sitzen können. In ihm finden Konzerte und Veranstaltungen statt wie z. B. im September das Lichterfest. Treppen führen vom Kurgarten auf eine kleine Erhöhung, den Michaelsberg. Dort liegen rechter Hand zwei Kirchen, St. Michael und St. Johann. Geht man jedoch zuerst links, führt ein kleiner Abstecher zum **Burtscheider Viadukt,** der im 19. Jahrhundert für die Eisenbahnlinie Köln–Aachen errichtet wurde. Zur Zeit seiner Fertigstellung galt der erste Eisenbahnviadukt in Deutschland als der Inbegriff des technischen Fortschritts. 1841 fuhr der erste Zug über den Viadukt. Der Viadukt, 277 Meter lang und 16 Meter hoch, wurde überwiegend aus Feldbrandziegeln errichtet. Während des Zweiten Weltkriegs sprengte beim Rückzug der Deutschen aus Aachen ein SS-Kommando einen der Bögen. Dieser wurde später durch eine eiserne Brücke ersetzt.

Nimmt man die Treppen und geht dann rechts, gelangt man zur Kirche **St. Michael** und St. Johann-Baptist. Die ältere Michaelskirche ist eine sogenannte *Leutekirche,* eine Kirche, in die die einfachen Menschen gingen. Ursprünglich befand sich an der Stelle eine ältere romanische Kirche, die 1252 erstmals urkundlich erwähnt wurde. Diese romanische Kirche erhielt 1352 einen gotischen Chor und im 16. Jahrhundert zwei bis heute erhaltene Glocken: die Michael- und Sebastianglocke. 1751 wurde die Kirche nach Plänen von Johann Joseph Couven (s. S. 31) neu gestaltet. Entstanden ist eine dreischiffige Pfeilerbasilika – durch die Gebrüder Franz und Paul Klausener.

**St. Johann** liegt nur ein paar Schritte entfernt. Die Kirche wurde ebenfalls im 18. Jahrhundert (ca. 1748) neu gestaltet, wozu ebenfalls der Aachener Baumeister Johann Joseph Couven die Pläne lieferte. Ähnlich wie bei St. Michael stand auch hier bereits eine Vorgängerkirche: St. Johann-Baptist. Otto III. hatte hier ein Kloster gegründet. Es ist ein achteckiger Kuppelbau, der auf das Oktogon der Aachener Pfalzkapelle hinweist. Die Kirche wurde 1730–54 errichtet und gilt als bedeutendstes sakrales Bauwerk der Barockzeit zwischen Maas und Niederrhein. Wer nach dem Besuch des Domschatzes noch weitere klerikale Schmuckstücke bestaunen möchte, wird an besonderen Tagen beim **Abteischatz in St. Johann Baptist** fündig. Die Sammlung enthält u. a. eine Nikolaus-Ikone aus dem 19. Jahrhundert und das Johannes-Reliquiar (ca. 1360).

Vom Abteiberg kann man eine sehr gute Aussicht über Burtscheid und den Kurpark genießen. Beide Kirchen gehören heute zur Pfarrei St. Gregor von Burtscheid. Durch das Abteitor, bis 1644 der eigentliche Eingang, gelangt man zum Markt. 1849 kam es in Burtscheid zu einer Choleraepidemie. In den Gebäuden der Toranlage waren deswegen zeitweilig auch ein Seuchenspital und später ein Wirtshaus untergebracht.

In den Straßen um den Burtscheider **Markt**, überwiegend Fußgängerzone, befinden sich Geschäfte, Cafés und Restaurants. Freitags ist Wochenmarkt. Der Weg führt weiter zum **Ferberpark**, der v. a. bei Familien mit Kindern (s. S. 119) beliebt ist, denn hier gibt es einen großen Spielplatz.

› www.burtscheid.com

› **St. Johann Baptist,** https://st-gregor-von-burtscheid.de, zum Kirchenschatz s. S. 62

› Der Kurgarten beginnt an der Kurklinik Rosenquelle in Burtscheid. Bushaltestelle: Rosenquelle, Bus 11, 21, 31, 51.

## 29 Westfriedhof ★ [bf]

Der 1889–1890 entstandene Friedhof war ursprünglich streng in die zwei Konfessionen katholisch und evangelisch aufgeteilt. Die Vaalserstraße dazwischen, die Ausfallstraße von Aachen nach Maastricht, bildete quasi die Grenze. Eine Straßenüberführung verbindet die beiden Teile miteinander. Zuerst wurde die Begräbnisstätte für evangelische Bürger (Westfriedhof I, südlich der Vaalserstraße) eingerichtet. Ein Jahr

*Durch das Abteitor in Burtscheid geht es vom Markt hinauf zu St. Michael und St. Johann-Baptist*

048aa Abb.: hg

später dann auch der wesentlich größere Friedhof für die Katholiken (Westfriedhof II, nördlich der Straße). Im evangelischen Teil befinden sich eine Kapelle und einige bedeutende, unter Denkmalschutz stehende Gräber. Besonderheiten des Westfriedhofs stellen die Klosterkirche St. Franziskus sowie der **Campo Santo,** eine seltene neugotische Grufthalle für wohlhabendere Familien, dar, die ebenfalls unter Denkmalschutz steht. Eine **Gedenkstätte** erinnert an die Zwangsarbeiter des Zweiten Weltkrieges sowie an Sternenkinder, also früh verstorbene Kinder.

Auf dem Westfriedhof haben einige **bedeutende Aachener** ihre letzte Ruhe gefunden, u. a. die Familie Suermondt und August von Kaven. Barthold Suermondt, der bedeutende Kunstsammler und Stifter des Suermondt-Ludwig-Museums, wurde hier 1887 begraben. August von Kaven war Bauingenieur und erster Direktor des Polytechnikums, der heutigen Technischen Hochschule. Er starb 1891.

› Bushaltestelle: Westfriedhof, Bus 3A, 3B, 5, 25, 35, 45, 55
› Vaalser Str. 334–336, tgl. geöffnet

# Entdeckungen im Umland

## 30 Kornelimünster ★★ [dg]

Kornelimünster ist ein Ortsteil von Aachen, der allerdings bereits 10 km vom Stadtzentrum entfernt am Rand der Eifel im Tal der Inde liegt. 1972 wurde Kornelimünster eingemeindet, hat sich aber mit seinem historischen Ortskern, Kirchen, alten Bürgerhäusern und dem früheren Kloster seinen idyllischen Charme erhalten. Ludwig der Fromme, Sohn und Nachfolger Karls des Großen, hat hier 814 eine Benediktinerabtei gegründet.

Der Altstadtkern wird von einem kleinen Fluss, der Inde, durchzogen. Viele Häuser sind in Blaustein, dem typischen Baumaterial der Gegend, und stammen aus dem 17. und 18. Jahrhundert. Ein Votivkreuz aus Blaustein von 1717 befindet sich auf dem Platz. Da hier der **Eifelsteig** (s. S. 57) beginnt, ein Wanderweg bis Trier, ist Kornelimünster auch bei Wanderern beliebt. Wer eine Radtour von Aachen aus nach Kornelimünster unternimmt, kann am Ende der Tour

Mein Tipp

### Sternerestaurant St. Benedikt

Der junge Sternekoch Maximilian Kreus bekam die Kochkunst in die Wiege gelegt, bereits seine Mutter hatte einen Stern am Kochhimmel. Das kleine Restaurant **St. Benedikt** (s. S. 69) bietet Platz für 20 Personen und liegt mitten im historischen Altstadtkern. Mittags bietet das Restaurant einen günstigeren Mittagstisch.

in einem der netten Restaurants oder Cafés am Marktplatz einkehren.

Bereits unter den Römern entstand der Ort. Als Ludwig der Fromme 814 die Benediktinerabtei errichten ließ, hieß der Ort noch Inda. Die Abtei befindet sich am Rande von Kornelimünster. Das **Kloster** wurde von einem Freund Ludwigs des Frommen, von Benedikt von Aniane geleitet. Schnell wurde es das erste Kloster des Reiches und Ludwig schenkte der Abtei drei Reliquien aus dem Aachener Domschatz, die sogenannten Salvatorreliquien: das Schürztuch, Schweißtuch und Grabtuch Jesu Christi. Zur **Heiligtumsfahrt** kommen Pilger hierher, um die Reliquien (s. S. 108) zu sehen, die dann öffentlich gezeigt werden. In der Benediktinerabtei leben heute nur noch acht Mönche. Die Abtei ist ein Ort der Stille, in den sich immer wieder Gäste zurückziehen. Das Kornelimünster liegt zudem auf dem **Jakobsweg** und wer als Pilger an die Pforten der Abtei klopft, wird hier beherbergt.

Erst im 11. Jahrhundert erhielt der Ort den Namen Kornelimünster, der sich auf die Reliquien des **hl. Kornelius** bezieht, die Karl der Kahle, ein Enkel Kaiser Karls des Großen, 875 in den Ort gebracht hatte. Die fünfschiffige Basilika St. Kornelius steht im historischen Ortskern. Johann Joseph Couven (s. S. 31) schuf den Hauptaltar und den Orgelprospekt. Sehenswert ist auch die ehemalige **Reichsabtei**, die Fürstabt Hyacinth Alfons von Sys 1721 erbauen ließ. Sie ist Sitz

*Das idylische Kornelimünster lockt Pilger, Wanderer und Radfahrer*

# Der Eifelsteig: vom Moor zu Maaren und Vulkanen

Der Eifelsteig ist ein Fernwanderweg und zählt zu den beliebtesten Wanderstrecken in Deutschland. Er führt auf 313 Kilometern von Kornelimünster (30) bis in die römische Kaiserstadt Trier und durchquert dabei sehr unterschiedliche Landschaften.

Die Tour beginnt in flachem Gelände und führt zunächst zur Hochmoorlandschaft des **Hohen Venns.** Von dort geht es weiter durch eine eher offene Landschaft am Rurtal vorbei zum Nationalpark Eifel, dann die **Dreiborner Hochfläche** hinauf und schließlich ins Tal der Urft nach Gemünd.

Besonders beeindruckend ist die **Vulkaneifel,** wo die Mineralquellen und Vulkane so dicht beieinander liegen wie kaum sonst in Deutschland. Bei Gerolstein und Daun sind Vulkane und Riffe zu sehen, gleich drei **Maare** gibt es hier. Die trichterförmigen Mulden der Maare sind durch eine Vulkanexplosion entstanden. Maare sind typisch für die Vulkaneifel, die meisten sind Trockenmaare. Die runden Maare haben sich jedoch mit Wasser gefüllt, das Dunkelblau schimmert.

Die letzten Etappen des Eifelsteigs sind von größeren Höhenunterschieden geprägt. Vorbei an den beeindruckenden Burgen bei Manderscheid und Kloster Himmmerod gelangt der Wanderer schließlich am Ende der Reise nach Trier.

- **Start:** Benediktusplatz (Kornelimünster)
- **Ziel:** Weißhaus (Trier)
- **Eifel Tourismus,** Kalvarienbergstraße 1, 54595 Prüm, Tel. 06551/96560, www.eifelsteig.de
- **Gepäcktransport für Wanderer:** www.eifelsteig.de (Menü: Angebote/Wandern ohne Gepäck)

der Sammlung „Kunst aus NRW – Förderankäufe seit 1945", die sich auf Werke zeitgenössischer Künstler konzentriert.

› Kornelimünster, Bus 35, 66, 135
› Infos zum Kloster auf Zeit: https://abtei-kornelimuenster.de
› Infos zum Kunsthaus: www.kunsthaus.nrw.de

## 31 Dreiländerpunkt ★★ [ag]

Am Dreiländerpunkt, auch Dreiländereck genannt, stoßen die drei Ländergrenzen von Deutschland, Belgien und den Niederlanden aneinander. Er befindet sich in einem großen Natur- und Wandergebiet. Hier liegt auch der **Vaalserberg**, mit 323 Metern über dem Meeresspiegel der höchste Punkt der Niederlande. Das beliebte Ausflugsziel befindet sich etwas außerhalb von Aachen, im Westen hinter dem bereits in den Niederlanden gelegenen Vaals.

Der Punkt ist mit den drei Nationalflaggen markiert. Von dort hat man einen Blick über Aachen, nach Belgien und in die Niederlande. Man kann in dem Park gleichzeitig in drei Ländern stehen. Für fast 100 Jahre (1839–1919) war es sogar ein Vierländerpunkt. Damals gab es noch ein etwa 344 Hektar großes Gebiet, das sich Neutral-Moresnet nannte. Preußen und die Niederlande konnten sich (nach dem Wiener Kongress) nicht einigen, wem das Gebiet und damit die Vorkommen an Galmei (ein Zinkerz) gehören sollten.

Die Lösung bestand schließlich darin, dem Gebiet einen neutralen Status zu geben. Daran erinnert noch ein Grenzstein, der nördlichste, der sich am Dreiländerpunkt befindet. Wer möchte, kann auf den markanten **Wilhelminaturm** steigen. Bereits 1905 stand am Dreiländerpunkt ein Aussichtsturm. Auf dem Skywalk des Turms kann, wer schwindelfrei ist, in einer Höhe von 353,5 Metern spazieren gehen. Von hier ist die Aussicht über die drei Länder atemberaubend. Hinauf führen Treppen sowie ein Aufzug. Rund um den Dreiländerpunkt locken verschiedene Attraktionen, z.B. ein **Heckenlabyrinth**, ein Spielplatz, eine Spiel- und Picknickwiese sowie ein weiterer Aussichtsturm und einige Gastronomiebetriebe.

› Bushaltestelle: Vaals Grenze, Bus Nr. 25, 33. Von dort ca. 25–30 Minuten zu Fuß. Der Weg ist ausgeschildert. Der Hop-On-Hop-Off-Bus fährt in den Sommermonaten mehrmals täglich hierher (Infos unter www.cityfahrten.de) und hält für einen 10-minütigen Fotostopp.
› Viergrenzenweg 97, 6291 BM Vaals, Niederlande, Dreiländerpunkt tgl. ganztägig geöffnet, Eintritt frei. Wilhelminaturm, www.wilhelminatorenvaals.nl, geöffnet: 1. April–1. Nov. tgl. 10–20 Uhr; 1. Nov.–1. April nur Sa./So. 10–20 Uhr (mit Ausnahme der Schulferien), Eintritt 3,50 €, bis 5 Jahre frei

MEIN TIPP

### Heckenlabyrinth

Nicht weit vom Dreiländerpunkt 31 gibt es ein Labyrinth – das Heckenlabyrinth. Hier kann man seine Orientierung testen und durch das Heckenlabyrinth seinen Weg nach draußen suchen. Erhöhte Plattformen, auf die man zwischenzeitlich steigen kann, um sich zu orientieren, helfen dabei.

★11 [ag] **Heckenlabyrinth**, Viergrenzenweg 97, Vaals, www.drielandenpunt.nl, geöffnet: April–Okt. tgl. 10–17 Uhr, Nov.–März bei schönem Wetter an Wochenenden und in den Ferien 10–17 Uhr, Eintritt: 6 €, Kinder bis 12 Jahre 5 €, Kinder bis 3 Jahre frei

# AACHEN ERLEBEN

001aa Abb.: ck

056aa Abb.: ck

# Aachen für Kunst- und Museumsfreunde

*Aachen hat eine rege Kunst- und Kulturszene. Dazu gehören Kunstmuseen, Galerien sowie einige außergewöhnliche Museen wie das Internationale Zeitungsmuseum, das eine der weltweit größten Sammlungen an Zeitungen präsentiert. Kunstmäzene und Stifter haben der Stadt ihre Sammlungen überlassen. Daraus sind Museen wie das Ludwig Forum für Internationale Kunst oder das Suermondt-Ludwig-Museum entstanden.*

*Im Café oronero (s. S. 78) des Internationalen Zeitungsmuseums 16 gibt es eine große Auswahl an deutschsprachiger Presse*

*Vorseite: Der Hof 8 mit seinen historischen Häusern, Restaurants und Cafés ist ein beliebter Treffpunkt*

## Museen

› **Centre Charlemagne** (s. S. 110)

**12** [ce] **CHIO-Museum/History-Tour,** Albert-Servais-Allee 50, Tel. 91710, www.chioaachen.de, geöffnet: CHIO-Museum Mi./Fr. 12–17 Uhr, während des Turniers (s. S. 11) ist die Besichtigung nur nach vorher vereinbarten Zeiten möglich, Eintritt frei; History-Tour Mo.–Sa. 8–18 Uhr, Eintritt frei. Während des CHIO Aachen sind die Info-Tafeln mit einer Eintrittskarte frei zugänglich. Das CHIO (Concours Hippique International Officiel) ist mit mehr als 350.000 Besuchern eines der renommiertesten Reitturniere weltweit. Im CHIO-Museum werden die Höhepunkte der Geschichte des Reitsports dargestellt, z. B. anhand von Pokalen, Medaillen oder den Reitstiefeln von Hans Günter Winkler, der in den 1950er-Jahren den Reitsport als Weltmeister und Olympiasieger reprä-

sentierte. Daneben gibt es noch die History-Tour, bei der sich Interessierte bei einem Gang über das Turniergelände in der Aachener Soers selbst aufmachen und so mehr über die Geschichte des Reitsports und Aachen erfahren können. Dazu wurden 12 Informationstafeln aufgestellt, die an besonders markanten Stellen des Geländes Infos zur Vereinsgeschichte, zu den verschiedenen Stadien, Plätzen sowie zur Geschichte des CHIO erfahren können. Der Weg führt u. a. am Hauptstadion, an der Geländestrecke Soers, am Fahrstadion, den Stallungen und Trainingsstätten vorbei.

6 **Couven-Museum.** Das Museum liegt im ehemaligen Wohnhaus der Apothekerfamilie Monheim, das von dem für Aachen bedeutenden Architekten Johann Jakob Couven (siehe Exkurs S. 31) entworfen wurde. Es vermittelt einen Eindruck vom großbürgerlichen Leben im 18. und 19. Jahrhundert und präsentiert anhand komplett eingerichteter Zimmer verschiedene Stilepochen, beispielsweise den Aachen-Lütticher Stil zur Zeit des Rokoko, den frühen Klassizismus Louis XVI. sowie den Empirestil zur Zeit Napoleons bis hin zum Biedermeier. In komplett mit Möbeln, Küchengeräten und Silbergeschirr eingerichteten Zimmern wird die Ausstattung des früheren Großbürgertums präsentiert. Auch die Monheimsche Apotheke ist zu sehen. Mitte des 19. Jahrhunderts stellte Leonard Monheim eine ganz besondere „Medizin" her, nämlich die Schokolade (s. S. 30).

16 **Internationales Zeitungsmuseum.** Das Museum mit angeschlossenem Archiv verfügt über mehr als 200.000 Zeitungen aus fünf Jahrhunderten. Seit 1962 ist die Sammlung im Zeitungsmuseum untergebracht. Auch das Archiv kann genutzt werden. Im Café oronero kann

*Das Couven-Museum ist in einem schönen historischen Gebäude untergebracht*

man bei italienischem Café täglich neu erscheinende deutschsprachige Zeitungen lesen (s. S. 41).

**13** [D4] **Karnevalsarchiv und Museum im Haus Löwenstein,** Markt 39, Tel. 1577 4444556, www.aak-aachen.de (Fest-Ausschuss Aachener Karneval e. V.). **Leider dürfen Karnevalsarchiv- und Museum aus Brandschutzgründen zurzeit nicht besichtigt werden.** Das von einem Verein betriebene Museum bietet eine Fülle von Material über den Karneval in Aachen (s. Exkurs S. 93): Fachbücher, Zeitschriften, Zeitungen, Plakate, historischen Originaldokumente sowie Filme und Videoaufzeichnungen bis hin zu Requisiten, die im Karneval getragen werden wie z. B. Kostüme oder Orden.

**14** [dg] **Kunsthaus NRW,** Abteigarten 6, Kornelimünster, Tel. 02408 6492, www.kunsthaus.nrw.de, geöffnet: Do.–Sa. 12–17, So./feiertags 11–17 Uhr, Eintritt frei. In der historischen spätbarocken Anlage der ehemaligen Reichsabtei wird zeitgenössische Kunst gezeigt. Die Sammlung präsentiert Künstler, deren Werke seit 1945 von der Landesregierung gekauft wurden. Viele der so geförderten Künstler aus Nordrhein-Westfalen sind inzwischen weltweit bekannt. Wechsel-Ausstellungen runden das Programm ab.

**26** [I2] **Ludwig Forum für Internationale Kunst** (s. S. 50). Rund 3000 Werke von Künstlern des 20. Jahrhunderts werden in einer ehemaligen Schirmfabrik ausgestellt, u. a. von Andy Warhol, Roy Liechtenstein, Georg Baselitz oder Keith Haring. Im angrenzenden LUFO-Park werden Skulpturen als „Kunst im öffentlichen Raum“ ausgestellt (s. S. 65).

**15** [H2] **Neuer Aachener Kunstverein (NAK),** Passstr. 29, Tel. 503255, www.neueraachenerkunstverein.de, geöffnet: Di.–So. 14–18 Uhr, Eintritt 2 €, ermäßigt 1 €, Familien/Gruppen von 3 bis 5 Personen 5 € (bis 12 Jahre frei). Der NAK fördert seit 1986 zeitgenössische Kunst und präsentiert jedes Jahr 5 bis 7 Projekte. Die Ausstellungen bieten lokalen wie internationalen Künstlern eine Präsentationsplattform, darunter sind Namen wie z. B. Candida Höfer, Alexander Esters, Raoul Marek oder Gerhard Richter.

› **Printenmuseum in der Printenbäckerei Klein** (s. S. 85), das Museum kann nur nach telefonischer Vereinbarung im Rahmen einer Führung mit einer Gruppe ab 20 Personen besucht werden, kleinere Gruppen lassen sich terminlich mit größeren kombinieren.

**16** [cf] **St. Johann Baptist Kirchenschatz,** Abteiplatz, Burtscheid, Tel. 961010, https://burtscheid.com/sehenswuerdigkeiten/abteischatz-st-johann-bap

*In der spätbarocken Anlage des Kunsthauses NRW wird moderne Kunst gezeigt*

122aa Abb.: ©rebaixfotografie, stock.adobe.com

tist.html, geöffnet: Mo./Di. und Do./So. 9–19 Uhr, Besichtigung des Abteischatzes jeden 1. Samstag und 3. Mittwoch im Monat 15–17 Uhr, Eintritt 2,50 €, ermäßigt 2 €. Neben dem Domschatz findet sich hier eine kleine Auswahl der wichtigsten Kirchenschätze Aachens: z. B. die Nikolaus-Ikone aus dem 19. Jh. oder das Johannes-Reliquiar (ca. 1360).

17 [df] **Stadtarchiv Aachen,** Reichsweg 30 (Nadelfabrik), Tel. 4324972, www.aachen.de (Menüpunkt „Kultur, Freizeit", „Stadtarchiv"), geöffnet: Di. 13–17, Mi. 9–17, Do. 9–13 Uhr, Eintritt frei. Die Dokumente zur Geschichte Aachens gehen bis ins Mittelalter zurück. Auch Infos zu den ursprünglich unabhängigen Gemeinden wie z. B. Burtscheid sind im Lesesaal für die Öffentlichkeit zugänglich.

18 [G5] **Suermondt-Ludwig-Museum,** Wilhelmstr. 18, Tel. 4798040, www.suermondt-ludwig-museum.de, geöffnet: Di.–So. 10–17 Uhr, Eintritt 6 €, erm. 3 €, bis 21 Jahre frei, bei herausragenden Wechselaussstellungen bis zu 15 €. Der Eintritt ist auch mit der Museumscard „Six for Six" (s. S. 28) möglich (14 €, erm. 10 €). Das Museum zeigt bildende Kunst vom 12. Jh. bis in die heutige Zeit. Präsentiert werden zum Beispiel Gemälde und Skulpturen von Lucas Cranach, Anthonis van Dyck und weiteren holländischen Künstlern der Barockzeit. Höhepunkte der Ausstellung sind u. a. die Werke „Judith mit dem Haupt des Holofernes" von Lucas Cranach aus dem 16. Jahrhundert und das Gemälde „Nährung des Knaben Jupiter" von Jacob Jordaens aus dem 17. Jahrhundert. Im zweiten Stock wird Malerei des 19. und 20. Jahrhunderts mit Werken von u. a. Max Liebermann, August Macke oder Max Beckmann ausgestellt sowie regionale Kunst der Düsseldorfer Malerschule. Kunsthandwerk wie z. B. Tapisserien und Goldschmiedearbeiten ergänzen die Sammlung. Das 1883 errichtete Museum ist benannt nach Barthold Suermondt (1818–1887), dem Stahlunternehmer, Bankier und erstem Stifter der Kunstsammlung. Im Laufe der Jahre vergrößerte sich das Museum durch weitere Stiftungen von Aachener Bürgern, insbesondere durch das Ehepaar Irene und Peter Ludwig 1977. Untergebracht ist das Museum in einem Stadtpalais aud dem 19. Jahrhundert, der mit einem modernen Anbau ergänzt wurde. Dort gibt es ein Café und einen Raum für Wechselausstellungen.

070aa Abb.: hg

*Die Regenschirmdamen von Heinz Tobolla (s. S. 67) stehen für das oft regnerische Wetter in Aachen*

19 [be] **Zollmuseum Friedrichs,** Horbacher Str. 497, nördlich von Laurensberg, Tel. 4324998, www.zollmuseum-friedrichs.de, geöffnet: nur jeden ersten und dritten Sonntag im Monat um 11 und 14.30 Uhr kostenlose Führung. Zur Geschichte des Schmuggels im Grenzland von Belgien, den Niederlanden und Deutschland. Das Zollmuseum vermittelt einen Eindruck, mit welchen Tricks Waren geschmuggelt wurden. Ca. 3000 Exponaten: z. B. Elfenbein, ausgestopfte Bären und gefälschte Markenprodukte.

## Kunstgalerien

20 [be] **Atelierhaus Aachen,** Depot Talstraße 2, Tel. 874527, www.atelierhaus aachen.de, geöffnet: Di.–Do. 10–16, Sa./So. 12–16 Uhr. Das 1995 eröffnete und von einem Kunstverein unterhaltene Atelierhaus ist eine weitere Plattform für Künstler, um eigene Werke zu präsentieren. Das Atelierhaus befand sich 20 Jahre lang in einer alten, neugotischen Klosteranlage. 2017 bezog es neue Räumlichkeiten im neuen Kreativ- und Bürgerzentrum Depot. 30 Künstler aus den Bereichen Malerei, Bildhauerei, Fotografie, Objektkunst, Video- und Computerkunst, Illustration und Installation entwickeln hier ihre Kunst weiter. Im 160 m² großen Ausstellungssaal werden wechselnde Ausstellungen der Künstler des Atelierhauses sowie der Region Euregio präsentiert. Kunstwerke können gemietet werden.

21 [D5] **Galerie am Dom,** Annastr. 4–6, Tel. 22886, www.galerieamdom.info, geöffnet: Di./Mi./Fr. 10–13 und 15–17, Do. 10–13 und 15–18, Sa. 10–14 Uhr. Die seit 1976 bestehende Galerie am Dom befindet sich in einem Haus aus der ersten Hälfte des 19. Jh., in dem früher Gewürze verkauft wurden. Die Galerie ist auf moderne Graphik wie z. B. Farbradierungen, Lithographien, Aquarelle und alte Graphiken (Städteansichten, Landkarten, Pergament-Handschriften usw.) spezialisiert. Künstler der ausgestellten Werke sind z. B. Hans J. Jung, Gunther Richter, Zbigniew Myk oder Peter Wever. Mit eigener Werkstatt zum Einrahmen.

22 [G4] **Galerie CompARTiment,** Promenadenstr. 27, Tel. 01737339861, www.compartiment.de, geöffnet: nach Vereinbarung. Mitten im Kiez der Promenadenstraße betreibt der Künstler Karl von Monschau diese Galerie, um eigene Installationen und Bilder auszustellen. Kunstinteressierte können auch hier Kunstwerke mieten und sie in einem Schließfach in der nahe gelegenen Heinrichsallee 25 hinterlegen.

23 [H4] **Galerie Freitag 18.30,** Steinkaulstr. 11, Tel. 43591040, www.frei tag1830.de, geöffnet: Fr. 18.30–21, Sa. 14–18.30 Uhr, Vernissage und Veranstaltungen sind jeweils Freitag um 18.30 Uhr. Renommierte Galerie, die zeitgenössische Kunst in einer ehemaligen Werkstatt von Ludwig Mies van der Rohe präsentiert. Auf 250 Quadratmetern werden jedes Jahr rund zehn Sammlungen ausgestellt. Das Spektrum bietet Kunst der Gegenwart in den Formen Malerei, Fotografie und Objektkunst.

24 [E5] **Galerie und Atelier Kellermann,** Wirichsbongardstr. 24, Tel. 538268, www.detlef-kellermann.de, geöffnet: Di.–Fr. 11–18, Sa. 11–15 Uhr. In seiner Galerie präsentiert Detlef Kellermann eigene Werke sowie die anderer zeitgenössischer Künstler. Das Angebot reicht von Bildern über Zeichnungen und Skulpturen bis hin zu künstlerisch gestalteten Büchern. Die Galerie ist gleichzeitig auch Atelier, in dem Interessierte miterleben können, wie ein Werk entsteht. Daneben finden auch immer wieder Veranstaltungen wie beispielsweise Lesungen statt.

## Kunst unter freiem Himmel

*Kunst gibt es in Aachen reichlich und sie beschränkt sich nicht nur auf Museen und Galerien. Auch im öffentlichen Raum sind Werke zu bewundern. 2014 nahm Aachen am Projekt „Kunst im öffentlichen Raum in NRW“ teil und ist damit eine der ersten größeren Städte in NRW. Präsentiert werden Skulpturen, die für alle zugänglich und nach 1945 entstanden sind.*

Die Kunstwerke im öffentlichen Raum sind frei zugänglich, ein Großteil von ihnen befindet sich im Innenhof und Garten des **Ludwig Forums für Internationale Kunst** 26.

› **Ballerina Clown von Jonathan Borofsky (1990),** in der Loggia des Ludwig Forums. Ein 7,50 Meter hoher und 3 Meter breiter Clown steht vor einem Vorhang aus Wellblech. Die Figur besteht aus zwei ungleichen Teilen: unten ist der zierliche Körper einer Balletttänzerin zu erkennen. Darauf ruht ein dicker Kopf eines männlichen Clowns mit roter Nase. Ist der Körper männlich oder weiblich? Der Künstler präsentiert einen androgynen Menschen, der sowohl männliche wie weibliche Anteile enthält. Die Figur scheint auch nicht stillzustehen, sondern balanciert auf einer Holzkiste. Das angehobene Bein der Tänzerin bewegt sich leicht hin- und her, die linke Hand zieht an einem Seil, an dem ein goldener Ring

Mein Tipp

### Aachener Kunstroute

Seit 1998 findet jedes Jahr an einem Wochenende Ende September oder Anfang Oktober die Aachener Kunstroute statt, bei der sich Museen, Galerien und Kunstvereine sowie einzelne Künstler mit Aktionen und Ausstellungen vorstellen. Die Aachener Kunstroute ist eine gute Möglichkeit, die Aachener Kunstszene kennenzulernen. Am Ende werden u. a. Kunstwerke und Kataloge verlost.

› www.aachenerkunstroute.de

*Der „Colossal Ashtray“ von Claes Oeldenburg im Hof des Ludwig Forums* 26

019aa Abb.: hg

befestigt ist. Ab und zu ertönt die Stimme des Künstlers per Kassettenrecorder, der das Lied „My way“ von Frank Sinatra singt. Die Skulptur wurde zuerst in Berlin im Gropius-Bau anlässlich der Ausstellung „Metropolis“ gezeigt.

› **Colossal Ashtray von Claes Oldenburg (1975),** in der Loggia des Ludwig Forums. Ein riesiger Aschenbecher mit ausgedrückten Zigarettenkippen – aus Blei und Stahl. Seit 1967 beschäftigte sich Claes Oldenburg mit diesem Motiv, doch schuf er die Zigaretten zunächst in Stoff. 1975 dann entstand diese Version aus festem Material. Alltagsgegenstände werden dabei extrem vergrößert präsentiert. Die Zigarettenkippen sind durch Ketten angebunden. Durch das Material wirkt die Skulptur fast bedrohlich und weckt Assoziationen an Militär und Krieg.

› **Ludwigs Gartenhaus von Thomas Virnich (1991),** im Garten des Ludwig Forums. Aus dem ehemaligen leer stehenden Gewächshaus schuf Virnich eine Art Ruinenarchitektur. Das Bauwerk wurde mit großen Ziegelsteinen gefüllt, die handgeformt und innen hohl sind. Der Künstler spielt hier mit Innen und Außen.

› **LUFO Park. Garden in Process von Marc Pouzol, Véronique Faucheur und Marc Vatinel (2011–2014),** in der Loggia des Ludwig Forums. Die drei Landschaftsarchitekten haben sich zum atelier le balto zusammengeschlossen und erschaffen künstlerisch ambitionierte Gärten. Der Garden in Process entwickelt sich bereits seit 2011. Zunächst entstanden zwei Plattformen, im zweiten Schritt wurden verschiedene Naturbereiche angelegt. In „Petit Nature No 1“ stehen unterschiedliche Obstbäume nebeneinander. In „Petit Nature No 2“ finden sich als Pendant Schattengewächse. In einem weiteren Schritt entstanden zwei neue „Parkzellen“. Jedes Jahr reist das dreiköpfige Team für vier Wochen an, um den Garten weiterzugestalten.

› **Lustgarten mit 7 Monumenten der Lüste oder Garten des Malers von Horst Antes (1967),** im Garten des Ludwig Forums. Die sieben Monumente von Horst Antes wurden ursprünglich bei der Bundesgartenschau in Karlsruhe 1967 ausgestellt. Seit 1991 stehen sie im Garten des Ludwig Forums für Internationale Kunst. Eines der Monumente ist z. B. ein überdimensionierter Kopf aus Stahl, der bunt bemalt ist. Eine andere Skulptur erinnert an eine riesige Vagina. Alle gezeigten Werke setzen sich mit Lust in ihren verschiedenen Formen auseinander.

★**25** [E5] **Busunterstand von Peter Eisenmann (1996),** Friedrich-Wilhelm-Platz, Nähe Elisenbrunnen. Das aus Stahl, Aluminium und Glas bestehende Werk des amerikanischen Architekten bildet den Unterstand für die Busreisenden in Aachen und ist somit praktisch nutzbar. Das geometrische Werk setzt sich aus verschiedenen Dreiecken zusammen, die sich im spitzen bzw. stumpfen Winkel überschneiden. An der 7 Meter hohen Säule ist eine Hinweistafel befestigt. Je nach Blickwinkel ergeben sich immer wieder neue Perspektiven.

★**26** [E4] **Farbleiter von Peter Lacroix (1973, 2010),** Krämerstr. 2a. Das Werk des Künstlers befindet sich an der Fassade des Standesamtes. Zwei lange Farbbahnen, die horizontal in grüne und rote Flächen unterteilt sind und dadurch wie Sprossen einer Leiter aussehen, ziehen sich über die gesamte Höhe des Gebäudes. Die beiden „Farbleitern“ verlaufen gegenteilig: Während die Grünflächen auf der einen Seite von unten nach oben kleiner werden, nehmen sie auf der anderen Seite zu. Der Künstler spielt mit der optischen Wahrnehmung. Das Werk wurde 1973 für eine vorübergehende Kunst-am-Bau-Ausstellung geschaffen. Aachener Bürger haben sich aber dafür eingesetzt, dass das Werk bleibt und so ist es seit 2010 dauerhaft zu sehen.

★**27** [I5] **Fassade des Parkhauses am Gerichtsgebäude Aachen von Rémy Zaugg (2008),** Adalbertsteinweg 92. Die Fassade des Justizzentrums wurde zwischen 2004 und 2008 vom Schweizer Rémy Zaugg neu gestaltet. In große Betonfertigteile von 4,50 Meter Länge wurden Großbuchstaben eingeprägt. Sie sollen Passanten dazu inspirieren, sich mit den Wörtern zu beschäftigen und damit zu spielen, um so eine neue „Lesart" des Gebäudes zu ermöglichen. Die 2500 Betonfertigteile sind so befestigt, dass sie Öffnungen dazwischen freilassen und so eine natürliche Belüftung möglich bleibt.

★**28** [D6] **Fröhlicher Hengst von Gerhard Marcks (1968),** Theaterplatz. Der fröhliche Hengst steht für Aachen als Reiterstadt.

★**29** [E4] **Regenschirmdamen von Heinz Tobolla (1974),** Großkölnstraße. Drei Damen aus Bronze, die beim Spazierengehen vom schlechten Wetter überrascht werden und den Schirm aufspannen. Der Künstler schuf das Werk als Hinweis auf das oft regnerische Wetter in Aachen.

# Aachen für Genießer

## Essen und Trinken

*Die rheinische Küche ist deftig und bodenständig. Typisch ist Aachener Sauerbraten, Himmel und Äd oder Öcher Puttes (Blutwurst). Auch werden gern regionale Spezialitäten wie Printen oder Senf in den Speisen verwendet. Nicht weit von Belgien und den Niederlanden gelegen, haben auch Gerichte der Nachbarländer ihren Weg auf die Speisekarte Aachens gefunden wie beispielsweise der belgische Reisfladen.*

Öcher Puttes ist Blutwurst, die in einen Kranzdarmring gefüllt und geräuchert wird. Puttes wird meistens gebraten serviert, zusammen mit Äpfeln oder Kartoffeln und Sauerkraut

*Eine Aachener Spezialität: die Printen, hier mit Schokolade umhüllt*

Mein Tipp

### Eine der kleinsten Kneipen Europas

Das **Stehgraa** ist eine „Kneipe in der Kneipe" und befindet sich in dem beliebten Aachener Brauhaus (s. S. 69). Am Eingang führt rechts eine Tür in einen abgegrenzten Raum. Mit nur knapp 15 Quadratmetern gilt das Mini-Lokal als eine der kleinsten Kneipen Europas. Den meisten Platz nimmt der Tresen ein, vor dem die Gäste stehen und ihr Bier trinken. An dem urigen Ort kommen Einheimische und Gäste schnell miteinander ins Gespräch.

(Kompes). Puttes bildet weiterhin die Grundlage für das beliebte Gericht **Himmel und Äd**, das bereits seit dem 18. Jahrhundert verspeist wird. Es besteht aus Kartoffeln und Fleisch. Die Kartoffel, der Erdapfel, steht für die Erde, die *Äd,* die Äpfel für den Himmel. Kartoffeln werden als Kartoffelpüree oder Kartoffelstampf serviert, Äpfel kleingeschnitten oder als Apfelmus. Dazu gibt es Fleisch, oft Blutwurst und zum Trinken am besten Bier.

**Sauerbraten** ist in vielen Gegenden Deutschlands bekannt. Jedoch unterscheidet er sich in den einzelnen Regionen. Allen gemein ist, dass das Fleisch mehrere Tage lang in einer Marinade eingelegt wird, so wird es zart und leicht säuerlich im Geschmack. Der Rheinische Sauerbraten wird in Essig, Wein, Suppengrün und Gewürzen wie Lorbeerblättern, Gewürznelken, Wacholderbeeren eingelegt. Das Besondere am Sauerbraten in Aachen ist jedoch, dass der Soße Aachener Printen beigemischt werden, sodass zur säuerlichen Komponente noch eine süße hinzukommt. Dazu gibt es Rotkohl, manchmal auch Apfelmus und Salzkartoffeln oder Nudeln. Als Nachspeise ist das Printenparfait bzw. Printeneis beliebt.

Die **Printe** (s. S. 10) gibt es nur in Aachen. Belgische Bronzegießer hatten im 18. Jahrhundert „gebildbrot" nach Aachen mitgebracht. Dabei wurde der Printenteig in hölzerne Formen gedrückt. Das „Prenten", das Drücken, hat dem Gebäck seinen Namen gegeben. Das Rezept heute unterscheidet sich jedoch von der ursprünglichen Variante. Die Printe heute ist flacher. Und es gibt sie in mehr Varianten, nicht nur als Kräuterprinte, sondern auch mit Zucker bzw. Schokolade überzogen.

Die Küche in Aachen steht unter Einfluss der Nachbarländer. Aus Verviers, einem belgischen Grenzort, stammen die **Reisfladen**, die es in den Bäckereien zu kaufen gibt. Sie bestehen aus einem Boden aus Hefeteig, werden im Ofen goldgelb gebacken und sind mit weichem, cremigem Milchreis gefüllt. Manchmal enthält die Füllung auch Obst, z. B. Kirschen. Eine weitere belgische Spezialität der Küche in Aachen ist der **Flammkuchen**, ein knuspriger, sehr dünn ausgerollter Boden aus Brotteig mit salziger Auflage: klassisch mit Zwiebeln, Speck und Schmand und 10–15 Minuten im Ofen gebacken. Damit er nicht anbrannte, wurde der Teig erst in den Ofen geschoben, wenn die Flammen schon sehr niedrig waren – daher der Name. Flammkuchen gibt es in verschiedenen Varianten, sowohl salzig als auch süß mit Äpfeln und Birnen als Auflage. **Moules et frites**, ein weiteres beliebtes Gericht aus Belgien, sind Miesmuscheln mit Pommes Frites. Die Miesmuscheln werden in einem Gemüsesud zubereitet und meist in einem schwarzen Kochtopf serviert.

Der Markt 5 mit seinen vielen Kneipen, Cafés und Restaurants ist ein beliebter Treffpunkt

## Hervorhebenswerte Lokale

### Deutsche bzw. rheinische Küche

30 [E5] **Aachener Brauhaus** €€, Kapuzinergraben 4, Tel. 36017, www.aachener-brauhaus.de, geöffnet: Di.-Sa. 12-22. Aachen hat zwei eigene Brauereien. Eine davon ist DEGRAA, ein sehr süffiges Pils, das man im Brauhaus verkosten kann. Hier trifft man sich abends gern zum Biertrinken. Tagsüber gibt es deftige Kost wie z. B. Haxe, Schlachtplatte und Steaks. Das Brauhaus ist nicht zuletzt bei Reisegruppen ein beliebter Ort.

31 [E3] **Am Knipp** €€, Bergdriesch 3, Tel. 33168, www.amknipp.de, geöffnet: Mi.-So. ab 17.30 Uhr. Ältestes Lokal in Aachen (seit 1698). Rustikal eingerichtet, mit Holzschnitzereien und viel Porzellan und Zinn an den Wänden und in den Regalen. Bei schönem Wetter ist der Biergarten, der Hirschgarten, geöffnet. Das Angebot ist deftig und reicht von Schmalzbrot über Flammkuchen bis zum Schnitzel.

32 [D4] **Brauhaus Goldener Schwan** €€, Markt 37, Tel. 91798989, www.brauhaus-goldener-schwan.de, geöffnet: Di.-So. ab 11 Uhr (Küche 12-14.45 und 18-21.45, Sa. 12-21.45, So. 13-20 Uhr). Altes Haus am Markt. Gutbürgerliche Küche. Beliebt ist der Sauerbraten, aber auch Flammkuchen und Pasta stehen auf der Karte. Im Sommer wird gern die Terrasse auf dem Marktplatz genutzt.

33 [E4] **Postwagen** €€, Krämerstraße 2, Tel. 35001, www.postwagen-aachen.de, geöffnet: Mo./Di. 18-23, Mi.-Sa. 12-23 Uhr. Im urigen Ambiente eines alten Postwagens wird regionale Küche geboten.

34 [dg] **St. Benedikt** €€€, Benediktusplatz 12, Kornelimünster, Tel. 02408 2888, www.stbenedikt.de, geöffnet: Di.-Sa. 11.30-14.30, Do.-Sa. auch ab 19 Uhr. Traditionsreiches Restaurant mit Sternekoch (s. S. 56).

35 [D4] **Zum Goldenen Einhorn** €€, Markt 33, Tel. 32693, www.zum-goldenen-ein

horn.com, geöffnet: Do.–Di. ab 11 Uhr (Küche 12–14.45 und 18–21.45 Uhr). Eines der ältesten Gasthäuser überhaupt, dessen Bestehen bereits im Mittelalter erwähnt ist. Im Laufe der Zeit war es Metzgerei, Obstladen und Blumenhandlung. Inzwischen ist es ein uriges Lokal mit bodenständiger Küche. Aachener Sauerbraten mit Printensoße ist eine der Spezialitäten. Von der Terrasse hat man einen schönen Blick auf das Rathaus 4 gegenüber.

013aa Abb.: ck

## Internationale Küche

36 [D4] **AKL-Restaurant** €, Pontstr. 1–3, Tel. 468648, www.akl-orient.de, geöffnet: Mo.–Sa. 12–23 Uhr. Beliebtes Imbiss-Lokal mit libanesischer Küche mitten im Studentenviertel. Im Angebot sind z. B. orientalische Vorspeisen wie Falafel, Hummus (Kichererbsenpüree), gefüllte Blätterteigteilchen, verschieden belegte Sandwiches, Salate und eine Auswahl an Grill-Spezialitäten wie z. B. libanesisches mariniertes Hähnchenfleisch mit Beilagen und arabische Reisgerichte. Wer die verschiedenen Vorspeisen probieren möchte, kann den gemischten Vorspeisenteller bestellen. Mit kleiner Terrasse.

37 [E4] **Al Triangolo** €€, Rommelsgasse 2–3, Tel. 31704, www.al-triangolo.de, geöffnet: Mo./Mi. 18–22, Do./Fr. 12–15 und 18–22, Sa./So. 12–15 und 17.30–22 Uhr. Dieses kleine italienische Lokal liegt am Hühnermarkt in einem historischen Haus. Es bietet Platz für ca. 20 Personen. Der Name heißt auf Deutsch „am Dreieck“ und spielt auf die dreieckige Form historischer Plätze in Aachen an (s. S. 32). Gute Auswahl an Antipasti mit Gemüse. Wunderbar auch die Zabaione, die es mit Eis oder zusätzlich mit flambierten Himbeeren gibt.

38 [D4] **Bella Italia** €€, Jakobstr. 22, Tel. 26978, www.bella-italia-aachen.de, geöffnet: Di. 18–22, Mi.–So. 12–14.30 und 18–22 Uhr. Kleines italienisches Lokal nicht weit vom Marktplatz. Hier gibt es leckere hausgemachte Pasta, Antipasti, Pizza und natürlich Fleisch- und Fischgerichte. Auch der Limoncello ist eine Versuchung wert.

*Die Gaststätte Zum Goldenen Einhorn (s. S. 69) befindet sich einem historischen Gebäude*

39 [G4] **Dario** €€, Promenadenstraße 36, Tel. 95177650, https://dario.ac, geöffnet: Di.–Fr. 17–22, Sa. 17–24 Uhr. Im Bistrostil eingerichtetes Lokal mit nur wenigen Tischen. Die Speisekarte ist klein, aber fein: Zur Auswahl stehen fünf Vorspeisen und fünf Hauptgerichte, jeweils Fleisch, Fisch und vegetarisch, sowie drei Desserts. Auch ein Tasting-Menü wird angeboten. Alles wird frisch zubereitet und die Gerichte sind eine Augenweide. Dazu kann man aus einer gut bestückten Weinkarte wählen.

40 [E4] **Dinette** €€, Hühnermarkt 21–23, Tel. 99766522, www.dinette-aachen.de, geöffnet: Mo.–Do. 11.30–22, Fr. 11.30–24, Sa. 9–24 Uhr. Gemütliches Boutique-Restaurant im Vintage-Stil mitten in der Stadt am Hühnermarkt mit mediterraner Küche. Wem die Möbel und Accessoires gefallen, der kann sie auch käuflich erwerben. Mit Terrasse.

41 [E4] **Ghorban Delikatessen Manufaktur** €€, Krämerstraße 5, Tel. 56001352, www.ghorban.de, geöffnet: Mo.–Do. 12–23, Fr. 12–24, Sa. 10–24, So. 10–16 Uhr. Delikatessenladen und kleines Lokal in einem mit mediterraner Kost. Lecker sind beispielsweise die Antipasti oder auch das Vitello tonnato. Große Auswahl z. B. an Schinken, Käse oder frischen Amarettini und Weinen. Mit Außenbestuhlung.

42 [E7] **Groffmanns Genüsse** €, Franzstr. 48, Tel. 4410818, geöffnet: Mo.–Fr. 10–18, Sa. 10–14 Uhr. Groffmanns Genüsse bietet italienische Feinkost: Wurst, Käse, Schinken oder Süßes sowie täglich eine kleine Auswahl an Gerichten. Der Mittagstisch ist sehr beliebt.

43 [F4] **Homeburgers** €, Komphausbadstr. 25, Tel. 99775464, www.homeburgers.de, geöffnet: Mo.–Sa. ab 12, So. ab 15 Uhr bis *open end*. Burger in allen Varianten: ob klassisch oder als scharfe Variante, Brandenburger mit Jalapenos und Chilischotenpüree oder als italienischer Caprese mit Tomaten und Mozzarella. Dazu verschiedene Soßen und frische Beilagen. Die Burger sind hausgemacht, zu 100 Prozent Rindfleisch und auf Lavakohle gegrillt. Im Angebot sind auch Hähnchen- und Fischburger sowie für Vegetarier Gemüsepuffer, Falafel oder Tofu mit Gemüse. US-amerikanisch inspiriertes Ambiente, mit halbem Auto als Deko an der Wand.

**Preiskategorien**

Die angegebenen Preiskategorien beziehen sich auf ein Hauptgericht ohne Getränke.

| | |
|---|---|
| € | bis 15 € |
| €€ | 15–25 € |
| €€€ | über 25 € |

44 [D3] **Konak** €€, Pontstr. 70, Tel. 27050, www.konak-aachen.de, geöffnet: Di.–So. 17.30–24 Uhr. Beliebtes Lokal im Studentenviertel mit türkischer und Crossover-Küche sowie spartanisch-stylischem Ambiente. Die Vorspeisen sind fast ausschließlich vegetarisch (z. B. Möhrenpüree mit Joghurt oder Zucchini mit Walnüssen und Joghurt), genauso einige der Hauptspeisen, z. B. gefüllte Aubergine oder Mangold-Kichererbsen-Eintopf. Die Karte wechselt je nach Saison. Neben den vielen leckeren türkischen Speisen wird auch regionale Küche geboten, z. B. Geschmorte Kalbsbäckchen. Bei schönem Wetter mit Terrasse.

45 [A6] **La Becasse** €€€, Hanbrucher Str. 1, Tel. 74444, www.labecasse.de, geöffnet: Di.–Sa. 12–14 und 19–22 Uhr. Kochen auf höchstem Niveau. Sternekoch Christof Lange ist bei Feinschmeckern bekannt. Er hat viele Jahre in Frankreich gelebt. 1981 eröffnete er das „La Becasse“, das auf Deutsch „Schnepfe“ heißt. Es gibt Perlhuhn mit warmer Gänseleber gefüllt, Fisch,

Gemüse und natürlich die ausgezeichneten Desserts. Dazu lockt eine umfangreiche Weinkarte und selbstverständlich ist der Service hervorragend. Reservierung empfohlen.

46 [G7] **La Fabrik** €€, Bachstraße 20, Tel. 47583261, https://la-fabrik.de, geöffnet: Di.–Sa. ab 18 Uhr. Kleine, aber feine Karte mit Klassikern, die neu interpretiert werden, z. B. gebratener Pulpo, der mit Papaya und Kichererbsencreme serviert wird, oder Perlhuhnbrust in Cognacsauce mit Austernpilzen, Zuckerschoten und Ruccola. Am Donnerstag und Freitag gibt es ein vergünstigtes Mittagsmenü für 29 € (3–4 Gänge). Auch für Vegetarier geeignet.

47 [D5] **Macaroni** €€, Schmiedstraße 24, Tel. 30044, www.restaurant-macaroni.de, geöffnet: Di.–So. 11–23 Uhr (Küche 12–22 Uhr). Das italienische Lokal lockt mit selbst gemachter Pasta und gemütlichem Ambiente. Besonders schön sind die Jugendstilelemente in seinem Innern. Draußen gibt es eine große Terrasse und das alles nur einen Katzensprung vom Dom entfernt. Die Karte umfasst die wichtigen italienischen Klassiker wie Vitello tonnato, Lasagne oder Saltimbocca. Viele Gerichte sind modern interpretiert, zum Beispiel gibt es das Carpaccio mit Fleisch, Fisch oder vegetarisch. Die Ravioli sind statt mit Fleisch mit einer Käse-Auberginen-Creme gefüllt.

48 [D3] **Magellan** €€, Pontstr. 78, Tel. 4016440, www.magellan-aachen.de, geöffnet: Mo. 17–24, Di.–Do. 12–24, Fr. 12–1, Sa. 10–1, So. 10–24 Uhr. Das mitten im Studentenviertel gelegene Lokal ist eine Mischung aus Restaurant, Café und Cocktailbar. Samstags großes Frühstücksbüfett bis 13 Uhr, sonntags Brunch bis 14 Uhr. Die Gerichte mittags und abends sind eine Reise durch die mediterrane Welt. Es gibt sowohl türkische wie auch italienische Vorspeisen, beispielsweise Tomaten-Mozzarella oder Blätterteig vegetarisch oder mit Hackfleisch gefüllt. Hauptgerichte sind z. B. Gemüseaufläufe, Scaloppine al Funghi (Schnitzel in Champignonsauce) oder türkische Lammfiletstücke mit Tomaten und Paprika oder Rumpsteak, Pasta und Pizza.

49 [D3] **Noima by Reuters House** €€, Pontstr. 117, Tel. 1897666, www.cusina-culinaria.com, geöffnet: Mi.–Mo. 16–22 Uhr. Das stylisch eingerichtete Lokal bietet mitten im Studentenviertel griechische Küche. Es finden sich Mezedes wie Zaziki und Feta, aber auch Riesenbohnen, Keftedakia (Hackbällchen) oder gebratene Sardellen auf der Speisekarte. Viele Vorspeisen sind vegetarisch. Als Hauptgang werden Pasta-Gerichte sowie Fleisch- und Fischspeisen wie Wildfang-Dorade, Souvlaki, Lammkoteletts oder Bäckchen vom Iberico-Schwein angeboten. Eine Tafel erinnert an die ursprünglich hier gegründete Nachrichtenagentur (s. S. 42).

50 [C7] **Pippin** €€, Hubertusstraße 43, Tel. 4009817, www.pippin-aachen.de, geöffnet: Di.–Sa. ab 18 Uhr (Küchenannahme bis 20.30 Uhr). Das modern eingerichtete Restaurant bezeichnet sich selbst als „kleine Gastronomie“. Es bietet saisonale und regionale Gerichte aus frischen Bio-Produkten und ist eher bodenständig ausgerichtet. Die Karte ist klein, aber fein und wechselt regelmäßig. Jeden Monat wird nach einem neuen Thema gekocht. Die Gerichte sind nach Regionen bzw. Orten in Deutschland benannt. So kann es sein, dass man im Oktober einen Linsen-Trauben-Wildkräutersalat mit Büffelmozzarella und Heilbutt unter dem Namen „Starnberger See“ serviert bekommt.

51 [C3] **Polonia** €, Marienbongard 24–28, Tel. 402252, www.polonia-aachen.de, geöffnet: Mo./Di. und Do. 11.30–22, Fr. 11.30–23, So./feiertags 13–22 Uhr. Wer polnische Küche mag, wird hier fün-

dig. Die Karte ist übersichtlich, bietet aber viele deftige Klassiker. Lecker sind zum Beispiel die *placki*, Reibekuchen mit Gulasch, vegetarisch mit Spinat oder *bigos* (Kraut-Fleisch-Variante). Oder auch die *pierogi*, gefüllte Maultaschen, die klassisch mit Kartoffel- oder Sauerkrautfüllung gegessen werden. Dazu kann man ein polnisches Bier trinken und danach, wenn man möchte, ein Glas Wodka oder Żołądkowa Gorzka.

**52** [E4] **Ratskeller** €€€, Markt 40, Tel. 55921823, www.ratskeller-aachen.de, geöffnet: Mo./Di. 18–23, Mi.–Sa. 12–23 Uhr. Der unter dem Rathaus gelegene Ratskeller mit einem eigenen Eingang links neben der Treppe verfügt über mehrere große Räume, die elegant und zugleich gemütlich eingerichtet sind.

**53** [F4] **Verano** €€, Komphausbadstraße 40, www.verano-aachen.de, Tel. 40045430, geöffnet: tgl. 11.30–23 Uhr. Hier werden Speisen aus verschiedenen Ländern serviert, zum Beispiel Tapas, Hacksteak, Schnitzel, Rinder-Carpaccio oder Pasta. Gutes Preis-Leistungs-Verhältnis.

## Asiatische Küche

**54** [E6] **Day Du** €€, Kleinmarschierstraße 74, Tel. 99792692, www.daydu.de, geöffnet: Mo.–Fr. 11–15 und 17–22, Sa./feiertags 12–22, So. 16–22 Uhr. Asiatische Küche modern interpretiert. Vor allem Fans der vietnamesischen und japanischen Küche kommen hier auf ihre Kosten. Das Angebot reicht von Frühlingsrollen über Pho Bo (Suppe) bis zu Fleisch- und Fischgerichten sowie Sushi. Auch vegetarische Gerichte stehen auf der Karte. Sämtliche Gerichte werden ohne Glutamat gekocht.

**55** [E6] **Dschingis Chan** €€, Franzstr. 21, Tel. 48663, geöffnet: Di.–So. 12–15 und 17.30–22.30 Uhr. Asiatische Speisen mit frischen Zutaten im geschmackvollen, eher dunkel gehaltenen Ambiente. Auf der Karte locken Gerichte wie Hongkong-Ente, Rindfleisch-Barbecue oder die Spezial-Platte für zwei Personen.

**56** [C2] **K-Bap** €€, Pontstraße 182, Tel. 47593999, geöffnet: Di./So. 17–22, Mi.–Sa. 12–15 und 17.45–23 Uhr. Koreanisches Essen von der Vorspeise bis zum Nachtisch. Als Vorspeise gibt es z. B. Mandu (gefüllte Teigtaschen mit Gemüse und Tofu) oder Kimchi (fermentierter Chinakohl). Als Hauptgericht bekommt man Gimbap (handgerollte Reisrollen) mit Gemüse-, Thunfisch- oder Hühnchenfüllung, aber auch das Fleischgericht Bulgogi oder Bibimbap (Reis mit Gemüse). Auch für Vegetarier und Veganer geeignet.

**57** [F3] **Kanpai Sushi** €€, Alexanderstraße 17, Tel. 99772770, www.kanpai-sushi.de, geöffnet: Mo.–Do. 12–22, Fr./Sa. 12–23, So. 16–22 Uhr. Modern eingerichtetes Lokal mit einer großen Auswahl an Sushi vom Band. Alles wird frisch zubereitet.

**58** [D4] **Lai Thai** €€, Judengasse 10/Kehrmännchen, Tel. 99039027, www.laithai-aachen.de, geöffnet: Mo.–Fr. 12–15 Uhr und 18–23, Sa. 12–23, So. 18–23 Uhr. Das kleine thailändische Lokal in der Innenstadt bietet kleine Köstlichkeiten als Vorspeisen, Suppen und Salate. Vor allem die Curries sind sehr beliebt. Aber Vorsicht, sie können sehr scharf sein! Gäste wählen zwischen drei Schärfegraden. Ein Gemüsecurry liefert jeweils die Basis, dazu wählt man Hühner-, Schweine-, Rindfleisch oder Ente sowie Fisch oder Garnelen bzw. vegetarisch mit oder ohne Tofu. Günstiger Mittagstisch. Das Ambiente ist eine Mischung aus traditionell thailändischem und modernem Stil.

**59** [C2] **Mei Choi** €€, Pontstraße 168, Tel. 46863759, www.meichoi.de, geöffnet: Mi./Do. 17.30–22, Fr./Sa. 13–22, So. 13–21.30 Uhr. Hier gibt es hausgemachte Ramen (Nudeln), die frisch

MEIN TIPP

## Lecker vegetarisch und vegan

› **Café Hase** (s. rechts). Hier gibt es auch vegane und vegetarische Gerichte.

**64** [cf] **Il Vegano** €€, Adalbertsteinweg 238, Tel. 95781776, geöffnet: Di.–So. 12–21 Uhr. Veganer Imbiss mit Burger, Pizza und Döner.

**65** [F5] **Pfannenzauber** €€, Suermondtplatz 12, Tel. 9610569, www.pfannenzauber-aachen.de, geöffnet: Mo./Do./Fr. 17.30–21, Sa./So. 12–21 Uhr. Das erste vegetarische, ja vegane Restaurant in Aachen bietet Pasta, Veggieburger, Sojagerichte, Gemüsecurries und Reis mit Gemüse. Dazu Suppe und Salat als Vorspeise sowie Dessert. Nach Möglichkeit werden biologische, regionale und saisonale Produkte verwendet. Einmal im Monat Sonntagsbrunch und regelmäßig Aktionstage z. B. für Kinder oder Familien.

zubereitet werden. Auch die Suppen und Soßen sind hausgemacht. Neben Ramen werden aber auch andere Spezialitäten serviert, beispielsweise Reisgerichte, gegrillte Entenbrust oder Gua Bao Vegan, eine Teigtasche mit Seitan und Gemüse gefüllt. Auch für Vegetarier und Veganer geeignet.

**60** [C5] **Wei & Wei** €€, Karlsgraben 45, Tel. 46865500, www.weiundwei.de, geöffnet: Di.–Fr. 17.30–22, Sa. 12–22, So. 13–22 Uhr. Das kleine Lokal lockt mit handgemachten Dumplings, also gefüllten Teigtaschen. Klassisch sind sie mit Schweinefleisch oder Hühnchen gefüllt. Aber auch vegetarische und vegane Dumplings mit verschiedenen Gemüsemischungen sind erhältlich. Ergänzt wird das Angebot durch asiatische Vorspeisen wie Frühlingsrollen oder Edamame. Als Nachtisch gibt es süße Dumplings, z. B. mit Apfel und Schokolade.

## Cafés und Imbisse

**61** [E4] **Alt Aachener Kaffeestuben Van den Daele,** Büchel 18, Tel. 35724, www.van-den-daele.de, geöffnet: Mo.–Sa. 9.30–18, So. 10–17 Uhr. Das bereits 1890 gegründete Café erstreckt sich über drei Altstadthäuser, von denen sich das älteste in der Körbergasse befindet. Entsprechend der an der Hausecke stehenden Skulptur des Printenmädchens 9 sind hier Printen nach ursprünglichem Rezept im Angebot. Das Café betritt man vom Büchel aus. Links lockt eine große Theke mit Gebäck, Torten, Kuchen, belgischen Reisfladen, Croissants (mit oder ohne Schokolade) und belgischen Pralinen von Leonidas. Rechts geht es ins Café mit Inneneinrichtung im Barockstil, dem Aachener-Lütticher Stil, wie in früheren Zeiten. Die Möbel sind dunkel und robust. An den Wänden hängen alte Printenformen. Das Kaffeehaus zieht sich über zwei Etagen mit mehreren voneinander abgetrennten Räumen. Wer Lust hat, kann hier den Tag mit einem gemütlichen Frühstück beginnen.

**62** [D4] **Barbarella Café,** Pontstr. 40–42, Tel. 16020789, geöffnet: Mi.–Mo. 10–19.30 Uhr. Wer Lust auf Süßes hat, ist hier richtig! Das Café lockt mit kleinen Törtchen und Kuchen, auch die Einrichtung in Weiß und Rosa ist süß. Große Vielfalt kleiner Kuchen: Cupakes, die wie Muffins in einer kleinen Form gebacken werden. Vom Berry Blue über den Double Chocolate bis zum Zitronentörtchen Sweet & Sour. Daneben gibt es Frühstück und eine Speisekarte für den kleinen Hunger. Bei schönem Wetter kann man auch draußen sitzen.

**63** [J7] **Café Hase**, Triebelsstraße 21, Tel. 91991187, www.cafe-hase.de, geöffnet: Mi.–So. 9.30–17 Uhr. Kleines Café direkt am Neumarkt, dem zentralen Platz des Frankenberger Viertels. Hier wird Wert auf biologische und regionale Produkte gelegt. Auch vegane bzw. glu-

014aa Abb.: ck

tenfreie Gerichte gibt es. Die selbstgebackenen Kuchen sind sehr lecker und nur mit natürlichen Zutaten wie z. B. Ahornsirup oder Kokoszucker gesüßt.

66 [F3] **Café Juli**, Sandkaulstraße 15, Tel. 99033193, www.cafe-juli-aachen.de, geöffnet: Mi.–Sa. 9.30–17.30, So. 9.30–14.30 Uhr. Gemütliches Café, das immer bis 14 Uhr verschiedene leckere Frühstücksvarianten anbietet. Mittags gibt es kleine Gerichte wie Quiche oder Suppe, nachmittags selbst gebackenen Kuchen. Zutaten überwiegend aus biologischem Anbau.

67 [D3] **Café Kittel,** Pontstr. 39, Tel. 36560, www.cafekittel.de, geöffnet: tgl. 10 Uhr bis *open end.* Mitten im Studentenviertel gelegen, wird das Café Kittel überwiegend von Studierenden besucht. Es besteht aus mehreren Räumen, die ineinander übergehen. Ein Raum grenzt direkt an den danebenliegenden Buchladen, in den man durch große Fenster sehen kann. Hier lässt es sich angenehm frühstücken. Die Frühstückskarte ist abwechslungsreich und das Frühstück lecker. Für Mittag- und Abendessen steht eine gute Auswahl an Gerichten zur Verfügung. Und das alles zu einem überschaubaren Preis. Auch Vegetarier finden hier etwas im Angebot, im Herbst auch leckerer Zwiebelkuchen und Federweißer. Bei schönem Wetter ist der kleine Biergarten recht schnell besetzt.

*Die Alt Aachener Kaffeestuben Van den Daele sind noch im traditionellen Aachen-Lütticher-Stil eingerichtet*

68 [E4] **Café Middelberg,** Rethelstr. 6, Tel. 39167, www.cafe-middelberg.de, geöffnet: Di.–Fr. 9.30–18, Sa. 9–18, So. 9.30–17.30 Uhr. Große Auswahl an Torten und Kuchen, bei deren Anblick einem bereits das Wasser im Munde zusammenläuft. Das Middelberg gehört zu den besten Cafés der Stadt. Eine Spezialität ist der Baumkuchen, der auch als Grundlage für Torten genutzt wird. Beliebt ist im Winter auch der Middelberg-Stollen. Hergestellt nach einem alten Familienrezept. Es gibt ihn als Butterstollen mit und ohne Mandeln oder als Amaretto-Mandel. Sonntags großer Brunch.

› **Egmont.** Schönes Kneipen-Café, abends oft mit Live-Musik (s. S. 80), mit französischem Charme, im Jugendstil ein-

### Smoker's Guide

In Nordrhein-Westfalen herrscht **striktes Rauchverbot** in allen Restaurants, Gaststätten, Diskotheken, Kneipen und Bars (oder wie es in dem Gesetz heißt: in „Gaststätten: Schank- und Speisewirtschaften, unabhängig von der Betriebsart, Größe und Anzahl der Räume").

gerichtet. Hier gönnt man sich ein leckeres Frühstück und kann dabei die Zeitung lesen. Wer Hunger hat, bestellt sich im daneben liegenden libanesischen Restaurant AKL (s. S. 70) sein Essen (Mo.-Sa.12-23 Uhr).

**69** [C5] **Eiscafé del Negro,** Jakobstr. 73a, Tel. 29724, www.eiscafedelnegro.de, geöffnet: Mo.-Sa. 11-22, So./feiertags 12-22 Uhr (im Winter 11-21 Uhr). Die Eisdiele gehört zu den beliebtesten in Aachen. Nicht nur weil das Eis sehr lecker ist, sondern auch weil die Kugeln recht groß sind. Deshalb muss man hier manchmal ganz schön lang warten.

**70** [cg] **Ferbers,** Kapellenstr. 51, Tel. 56828262, www.ferbers.de, geöffnet: tgl. 9-24 Uhr. Das Café im Ferberpark (s. S. 54) in Burtscheid bietet morgens ein gutes Frühstück und tagsüber einfache Gerichte wie Pizza und Pasta.

**71** [D5] **GeschmackSache,** Kleinmarschierstraße 5, Tel. 88749554, http://geschmacksache-ac.de, geöffnet: Mo.-Sa. 11.30- 22.30 Uhr. Hier verbinden sich Orient und Okzident. Besonders wer Fleisch mag, kommt auf seine Kosten. Das Fleisch wird täglich frisch in einem Holzkohle-Trommelgrill zubereitet, sodass es würziger wird. Marinaden und Soßen sind hausgemacht. Bei schönem Wetter kann man auch auf der Terrasse sitzen.

**72** [H7] **FUCHS natural food**, Oppenhoffallee 2, Tel. 47594492, www.fuchsnaturalfood.de, geöffnet: tgl. 9.30-17 Uhr. Kleines Café mit Wohlfühlcharme. Das Essen wird frisch gekocht. Viele Produkte kommen aus der Region. Auch die Kuchen sind hausgemacht. Beliebt ist das Frühstück, das es von herzhaft bis süß gibt. Mittags werden z. B. Pastinakensuppe, Wildreis-Bowls, langsam gegartes Schweinefleisch in Miso-Marinade oder Avocado vegan mit Sauerteigbrot serviert.

**73** [E4] **Haus Eulenspiegel,** Krämerstr. 1, Tel. 23897, www.haus-eulenspiegel.de, geöffnet: Mo.-Sa. 9.30-18 Uhr. Gemütliche Teestube auf drei Etagen eines historischen Gebäudes. Im Erdgeschoss befindet sich der Laden, in den darüberliegenden Stockwerken die Teestube. Eine Besonderheit ist der High-Tea: Tee, der am Nachmittag eingenommen und mit süßem und salzigem Gebäck angeboten wird. Ursprünglich befand sich das Haus Eulenspiegel auf der gegenüberliegenden Seite, neben dem Postwagen, wo ein Buchhändler seit 1760 seine Bücher verkaufte. Der Buchhändler, ein rechtes Schlitzohr, stellte sich mit einem Buch in der Hand vor seinen Laden und begann daraus vorlesen. Die Leute blieben stehen und lauschten. An der spannendsten Stelle klappte der Buchhändler das Buch zu und jeder, der wissen wollte, wie es weiterging, musste das Buch kaufen. Leider waren die Geschichten frei erfunden und der Inhalt des Buches stimmte mit dem Vortrag nicht überein. Man entdeckte seine „Eulenspiegeleien". So kam das Haus zu seinem Namen.

**74** [cf] **Lammerskötter,** Kapellenstr. 2, Tel. 1607783, www.lammerskoetter.de, geöffnet: Mo.-Fr. 8-18.30, Sa. 8-18, So. 9-18 Uhr. Gemütliches, modern eingerichtetes Café. Leckeres Frühstück, nachmittags Kaffee, Kuchen, Torten. Auch kleine Gerichte gibt es auf der Speisekarte. Wer Pralinen, Gebäck oder Torte mitnehmen möchte, findet eine große

MEINE TIPPS

### Dinner for one

- **Egmont** (s. S. 80): Kneipen-Café mit belgisch-französischem Charme, in dem sich jeder wohlfühlt, ob zu zweit, in der Gruppe oder allein. Auf Wunsch wird auch libanesische Kost aus dem AKL-Restaurant nebenan serviert. Abends wird oft Jazz gespielt.
- **Living Room** (s.unten): Gemütliches Lokal am Hof 8, eingerichtet im Landhausstil, in dem sich auch Einzelreisende wohlfühlen. Kerzen auf dem Tisch sorgen für eine heimelige Atmosphäre. Serviert werden mediterrane Kost und gute offene Weine (auch 0,1 Liter).

### Für den späten Hunger

77 [D3] **Best Friends** €, Pontstraße 77, Tel. 4017705, www.bestfriendssushi.de, geöffnet: Di.-Sa. 12-15 und 17-22 Uhr. Hier gibt es nicht nur japanisches Sushi, sondern auch Nudelsuppen und Gerichte aus anderen asiatischen Ländern wie Thailand, China oder Indonesien. Auch für Vegetarier geeignet.

78 [E4] **Living Room** €€, Büchel 22, Tel. 21131, www.livingroom-aachen.de, geöffnet: Mo.-Fr. 11.30-22.30, Fr. 11.30-23.30, Sa. 9.30-23.30 Uhr. Gemütliches Restaurant, zentral am Hof gelegen (bzw. mit zweitem Ausgang Richtung Büchel). Im Landhausstil eingerichtet mit Holztischen und Stühlen – auf zwei Ebenen. Auf der Speisekarte stehen mediterrane Kost bzw. Fleisch-, Fisch- und vegetarische Gerichte wie Auberginen-Parmigiana. Dazu gibt es leckeren Wein, auch im 0,1-Liter-Glas. Im Sommer ist die Terrasse auf dem Hof immer sehr gut besucht.

79 [E6] **Maier Peveling's,** Alter Posthof 16, Tel. 4013697, auf Facebook, geöffnet: tgl. 11.30-21 Uhr. „Die schickste Frittenbude in Aachen" bietet Currywurst in verschiedenen Variationen, klassisch oder mit Trüffelmayonnaise, sowie Hotdogs, Schnitzel und Pommes an.

### Lokal mit guter Aussicht

80 [F3] **Uptown Sky Lounge & Restaurant** €€€, Sandkaulstraße 20, Tel. 510370, www.uptown-aachen.de, geöffnet: Frühstück Mo.-Fr. 6.30-10.30, Sa. 7-11, So. 11.30-14 Uhr, Lounge/Bar Mo.-Do. 11-24, Fr./Sa. 11-1 Uhr, Restaurant Di.-Sa. 15-22 Uhr, Küche: kleine Karte 15-18, Hauptkarte 18-22 Uhr. Stylisches Restaurant in der 5. Etage des Hotels INNSIDE by Melia mit herrlichem Blick über die Stadt und Dachterrasse. Ein Ort zum Entspannen und Verweilen. Das kulinarische Angebot besteht in einer spannenden Crossover-Küche, die Asiatisches und Europäisches gekonnt miteinander verbindet.

Auswahl gleich im hauseigenen Laden um die Ecke: Altdorfstr. 3-5, Tel. 62857. Weitere Filiale:

75 [E4] **Lammerskötter im Hof,** Hof 4, Tel. 35200, www.lammerskötter.de, geöffnet: tgl. 10-18 Uhr, im Sommer manchmal auch länger. Drei Etagen voll mit hausgemachten Leckereien: u. a. Kuchen, Torten, Eis, Tarte sowie eigene Kreationen (s. S. 32).

76 [E5] **Leni liebt Café,** Buchkremerstraße 6, Tel. 57600195, www.leniliebtkaffee.de, geöffnet: tgl. 9-19 Uhr. Schlicht und im Industriestil eingerichtetes Café, das vor allem wegen seines leckeren Kaffees beliebt ist, denn es ist zugleich auch eine Mini-Rösterei, in der täglich frisch geröstet wird. Im Angebot sind zwei verschiedene Bohnensorten, die immer wieder wechseln. Dazu

110aa Abb.: ck

werden Baguettes, Müsli und andere Kleinigkeiten serviert. Wer möchte, kann hier auch frühstücken (auch vegan), bei gutem Wetter auch auf der Terrasse.

81 [I7] **Oecher Eis-Treff**, Bismarckstraße 72, Tel. 94377696, www.eis-treff.de, geöffnet: tgl. 12–22 Uhr (März/April–Oktober). Kleine Eisdiele mit hausgemachtem Eis aus Bio-Milch. Das Zitroneneis wird aus Bio-Zitronen gemacht und das Vanilleeis aus echter Vanille aus Madagascar. Jeden Monat gibt es ein Monatseis.

› **oronero im Internationalen Zeitungsmuseum 16**, Pontstr. 13, Tel. 4758 9031, geöffnet: Di.–Sa. 10–18, So. 13–18 Uhr. Italienischer Kaffee und internationale Presse.

*Leckeres Frühstück gibt es im Café Juli (s. S. 75)*

# Aachen am Abend

*Aachen verfügt über eine Reihe interessanter Ausgehmöglichkeiten am Abend. Da ist einerseits die Altstadt mit ihren vielen Kneipen, Pubs, Wein- und Cocktailbars, von denen einige gute Musik bieten – oft auch live. Andererseits ist weiterhin das Pontviertel mit seinen Kneipen, Cafés und Restaurants von rustikal bis schick und angesagt entlang der Pontstraße ein beliebtes Ausgehviertel. Überwiegend studentisches Publikum geht in der Promenadenstraße in der Nähe vom Synagogenplatz aus. In diesem früher mit einem eher zweifelhaften Ruf behafteten Teil der Stadt haben sich einige coole Locations angesiedelt. Bekannt sind die Küchenpartys in der WG, der coolen Szenekneipe am Synagogenplatz, oder im Sturmfrei.*

## Nachtleben

### Bars, Szenetreffs, Clubs

**82** [G4] **Die WG,** Promenadenstr. 40, geöffnet: Mo.-Do. 19-1, Fr./Sa. 19-3 Uhr. Die WG beschreibt sich selbst als kultisch-chaotische Kneipe, die u. a. mit Trödelobjekten wie einem Hirschkopf mit Geweih oder einer alten Nähmaschine originell eingerichtet ist. Hier finden auch Partys, Events und regelmäßige Veranstaltungen, z. B. ein Schweine-Bingo, statt.

**83** [E4] **Domkeller,** Hof 1, Tel. 34265, www.domkeller.de, geöffnet: So.-Do. 10-2, Fr./Sa. 10-3 Uhr. Diese Institution Aachens befindet sich in einem denkmalgeschützten Haus. In lockerer Atmosphäre wird besonders süffiges Bier getrunken. Im Herbst gibt es Zwiebelkuchen mit Federweißer bzw. Federroter. Essen kann mitgebracht werden oder wird auf Bestellung vom nächstgelegenen Lokal, dem Living Room (s. S. 77), gebracht. Dazu liegt eine Karte des Lokals im Domkeller aus. Im Domkeller wird das Essen bestellt und am Ende dann auch bezahlt. Studierende können auf einer Etage, die für sie reserviert ist, tgl. von 10-18 Uhr sitzen und pauken. Eigene CDs können mitgebracht und eingelegt werden (an der Theke abgeben). Regelmäßige Live-Musik gibt es jeden Montagabend (gelegentlich auch am Mittwoch) ab 20 Uhr.

**84** [H7] **Dumont,** Zollernstr. 41, Frankenberger Viertel, Tel. 542202, www.dumont-aachen.de, geöffnet: So.-Do. 18-1, Fr./Sa. und vor Feiertagen 18-2 Uhr, Konzerte ab 20 Uhr, im Sommer Biergarten ab 16 Uhr. Gemütliche Kneipe im Frankenberger Viertel, bei schönem Wetter mit Biergarten. Sonntags finden immer Livekonzerte statt.

**85** [E6] **Goldenes Schwein,** Franzstr. 40, Tel. 017656315004, www.goldenes schwein.de, geöffnet: Mo. 11-23, Di.-Sa. 11-24 Uhr. Gemütlich eingerichtete Bar mit altem Holztresen. Namensgeber waren die niedlichen Schweinefiguren. Bei schönem Wetter ist der Biergarten geöffnet. Hier treffen sich u. a. Fußballfreunde, um gemeinsam ein Spiel zu gucken.

**Gastro- und Nightlife-Areale**

Bläulich hervorgehobene Bereiche in den Karten kennzeichnen Gebiete mit einem dichten Angebot an Restaurants, Bars, Clubs, Discos etc.

**86** [E4] **Masuto Hof 12,** Hof 12, Tel. 90055773, www.masuto-hof12.de, geöffnet: So.-Do. 12-23, Fr./Sa. 12-1 Uhr. Weinbar mit überwiegend deutschen Tropfen, vor allem Weißweine. Dazu gibt es kleine Gerichte wie Käseplatten, Schinken, Salami und Oliven oder Flammkuchen. Regelmäßig finden Veranstaltungen statt, z. B. jeden Samstagabend Livemusik zum Tanzen (Herbst bis Frühling).

**87** [G4] **Sturmfrei**, Promenadenstr. 38, geöffnet: Di.-Sa. 17-24 Uhr. Veranstaltungsort für Musik u. a. Events mit leckeren Cocktails, wie dem Sturmfrei-Spezial. Das Café und der Studierendentreffpunkt Sturmfrei liegen direkt neben der WG (s. links) und werden vom gleichen Inhaber betrieben.

**88** [D4] **Vertical Weinbar,** Kockerellstr. 13, Tel. 9006741, www.dieweinbar.de, geöffnet: Mo.-Do. 17-24, Fr. 17-1, Sa. 15-1 Uhr. Schicke Weinbar mit umfangreichem Angebot offener Weine: von leckeren Schaumweinen über Weißweine, Rotweine und Roséweine aus Deutschland, Italien, Frankreich, Spanien und aus der ganzen Welt. Die Auswahl an Flaschenweinen zum Trinken oder zu einem günstigeren Preis auch zum Mitnehmen ist riesig. Daneben gibt es auch eine umfangreiche Auswahl an Whiskysorten. Wer sich für Olivenöl interessiert, kann verschiedene Olivenöle vor Ort bestellen und nebeneinander verkosten. Eine Reihe von kleineren Gerichten, Vorspeisen sowie Pasta ergänzt das Angebot. Wer nicht nur Wein trinken, sondern ein Essen zu sich nehmen möchte, sollte einen Tisch reservieren.

89 [C2] **White House,** Pontstraße 141–149, Tel. 40047661, https://whitehouseaachen.eatbu.com, geöffnet: tgl. 10 Uhr bis *open end.* Mitten im Studentenviertel gelegen, gibt es hier leckere Cocktails zu günstigen Preisen.

## Musiktempel, Discos, Jazzkeller

90 [D7] **Dein Hotel Europa,** Südstraße 54, www.deinhoteleuropa.de, geöffnet: Mi.–Sa. 20 Uhr bis *open end.* Kleiner Musikclub mit „Wohnzimmer", Bar und Clubkeller. Partys und Konzerte mit einem Programm, das von Swing, Soul über Jazz bis zu Punk reicht. Informationen zum Programm finden sich auf der Website.

91 [D4] **Egmont,** Pontstr. 1–3, Tel. 407746, www.cafe-egmont.de, geöffnet: Mo.–Sa. 12–23 Uhr. Abends gibts in dem schönen Café (Frühstück s. S. 75) oft Veranstaltungen wie das Sommerfestival oder Livemusik, die von französischem Chanson-Rock bis zu Jazz reicht. Der Eintritt ist frei. Man sollte rechtzeitig kommen, da Reservierungen nicht möglich sind.

92 [cf] **Musikbunker Aachen,** Goffartstr. 26, Frankenberger Viertel, Tel. 532180, http://mubu.ac. Regelmäßig finden im Musikbunker Partys und Konzerte statt, sowohl unter der Woche als auch am Wochenende. Infos liefert die Website. Gespielt wird u. a. Punk, Metal, Reggae und Bollywood. Karten können über den Ticket-Shop der Website und die weiteren Verkaufsstellen erworben werden (s. S. 81).

93 [E5] **Nightlife,** Wirichsbongardstraße 10, Tel. 23338, geöffnet: Fr./Sa. 23–11 Uhr. Das Nightlife ist ein beliebter Partytreff, vor allem bei Studierenden. Hier kann bis in die frühen Morgenstunden getanzt werden. Das Spektrum der Musik reicht von The Cure bis Depeche Mode, von den 1980er-Jahren bis in die heutige Zeit, von Rock bis zu Hardcore und Rave.

## Kabarett, Varieté, Kleinkunst

94 [E6] **Black Table Magic Theater Aachen,** AachenMünchener Platz 8 (Borngasse), Kapuziner Karree, Tel. 90068309, www. black-table.de, Ticketverkauf Fr./Sa. 18.30–19.30 Uhr oder online, Veranstaltungen meist Do./Fr. 20–22.30, Sa. 16–18.30 und 20–22.30, gelegentlich So. 18–20.30 Uhr. Zauberkunst direkt am Black Table nach dem Motto „Ein Tisch, zwei Künstler und vier Hände". In diesem kleinen Theater (35 Plätze) werden drei verschiedene Vorführungen geboten.

95 [ce] **Das DA Theater,** Liebigstr. 9, Tel. 161688, www.dasda.de, geöffnet: Di.–Fr. 10–16 Uhr (Theaterkasse). Umfangreiches Repertoire aus Klassikern, zeitgenössischem Theater, Uraufführungen und Musikinszenierungen. Nicht nur bei den Aufführungen für Kinder und Jugendliche stehen dabei aktuelle Phänomene, die die Gesellschaft bewegen, im Vordergrund. Karten gibt es in der Buchhandlung Pontstraße 39 (s. S. 87).

96 [E7] **Franz,** Franzstr. 74, Informationen und Tickets: Tel. 1795073300, www.aachen-franz.de. Nur zu Veranstaltungen geöffnet, die meist um 20 Uhr starten (siehe Website). Das Franz liegt direkt am Marschiertor und bietet ein abwechslungsreiches Programm: Tanz, Gesang, Musik, Comedy und Kabarett.

97 [cg] **KuKuK,** Eupener Str. 420 (ehemaliges altes Zollhaus), Tel. 55942306, www.kukukandergrenze.eu,

geöffnet: Fr./Sa. 13–18, So. 11–18 Uhr, bei Veranstaltungen nach Bedarf. Der Name des belgisch-deutschen Vereins steht für Kunst und Kultur im Köpfchen. Mit dem Köpchen ist ein ehemaliges Grenzhäuschen an der Grenze zwischen Deutschland und Belgien gemeint. Es dient als Veranstaltungsraum für zahlreiche grenzübergreifende künstlerische Aktivitäten. Umfangreiches Kulturprogramm mit Filmen, Ausstellungen und Konzerten.

**98** [G6] **Raststätte,** Lothringerstr. 23, Tel. 33656, www.raststaette.org, geöffnet: nur bei Veranstaltungen. In aller Regel Fr./Sa., gelegentlich auch Di., Mi. oder Do. Die Raststätte befindet sich in einem ehemaligen Ladenlokal und bietet ein vielseitiges Programm mit Konzerten, Ausstellungen, Filmen, Theater, Tanz-Performances und Lesungen.

**99** [C5] **Stadtpuppenbühne „Öcher Schängche“,** Löhergraben 22 (Barockfabrik), Tel. 4324960, www.oecherschaengche.de, Kartenvorverkauf im Media Store oder Buchhandlung Schmetz am Dom, Aufführung Erwachsenenstücke Do. 19.30 Uhr, Kinderstücke So. 15 Uhr. Eintritt Erwachsene 5 €, Kinder 3 €. Stabpuppentheater für Große und Kleine in Aachener Mundart (s. S. 119). Die Erwachsenenstücke enthalten mehr Mundart. Das Öcher Schängche gibt es bereits seit 1921 und bietet Platz für 150 Gäste. Infos zum Programm auf der Website.

**100** [G4] **Theater 99/AKuT e. V.,** Gasborn 9–11, Tel. 27458, Kartenreservierung meist per Anrufbeantworter, www.akut-theater99.de, geöffnet: je nach Veranstaltung, meist Fr.–So. Das Theater 99/Akut wird von einem Zusammenschluss verschiedener Theater- und Kulturgruppen betrieben und veranstaltet Theater, Konzerte, Comedy und Kabarett sowie Puppenspiele für Kinder (s. S. 119).

**101** [ce] **Theater K im Tuchwerk,** Strüverweg 116, Tel. 151155, www.theater-k.de, Veranstaltungen Fr.–So. 1986 haben vier junge Schauspieler dieses moderne Theater gegründet und mehr als hundert eigene Inszenierungen umgesetzt. Das Repertoire reicht von Klassikern der Antike bis hin zu modernen Autoren und wird mit Lesungen, Konzerten und Szenischen Lesungen ergänzt. Heute umfasst das feste Ensemble die drei Schauspieler Mona Creutzer, Annette Schmidt und Jochen Deuticke.

## Theater und Konzerte

**102** [F4] **Altes Kurhaus,** Kurhausstr. 1, Tel. 4324922, www.altes-kurhaus-aachen.de, geöffnet: je nach Veranstaltung, Eingang Klangbrücke: Kurhaus-

### Verkaufsstellen für Eintrittskarten

• **103** [df] **KlenkesTicket,** Medienhaus Aachen, Dresdener Straße 3, www.klenkes.de/tickets, geöffnet: Mo.–Fr. 8–18, Sa. 9–12 Uhr. Der Klenkes ist das Aachener Stadtmagazin. Für die dort angegebenen Veranstaltungstermine bietet es auch gleich die Möglichkeit, Tickets zu besorgen – direkt vor Ort oder auch online – egal ob Theater, Konzert, Musicals, Sportveranstaltungen oder Kleinkunst.

› **Kundenservice Medienhaus Ticketverkauf,** Friedrich-Wilhelm-Platz (in der Tourist-Info Elisenbrunnen), Tel. 51010, Mo.–Fr. 8–18, Sa. 10–14 Uhr. Tickets für Veranstaltungen wie Konzerte, Theateraufführungen, Sportevents etc. sind im Medienhaus Ticketshop in der Tourist-Info erhältlich.

str. 2, Eingang Ballsaal Komphausbadstr. 19. Das alte Kurhaus stammt aus dem 18. Jahrhundert und wurde unter der Leitung von Jakob Couven 1786 fertiggestellt. Es war Festsaal und Spielcasino zugleich. Heute ist nur noch ein Teil erhalten. Seit 1970 ist im hinteren Bereich des Bauwerks die Klangbrücke untergebracht. Sowohl der historische Ballsaal als auch die Klangbrücke werden für Kabarett, Lesungen, Theater und Konzerte (Klassik und Jazz) genutzt. Die Klangbrücke überspannt als Brücke die Kurhausstraße und ist ein eher moderner Veranstaltungsort. Klassische- und Jazzkonzerte, u. a. vom Aachener Kammerorchester oder Musikern aus dem Ausland.

**104** [G2] **Eurogress Aachen,** Monheimsallee Aachen, Tel. 91310, www.eurogress-aachen.de, wo für die jeweilige Veranstaltung Karten zu kaufen sind, erfährt man auf der Website. Veranstaltungshalle in Aachen. Hier findet vom Kindertheater über Kabarett bis zu Konzerten, Galaveranstaltungen und Karnevalsbällen eine Reihe von Festivitäten statt. Zu den prominenten Veranstaltungen im Eurogress gehören das Neujahrskonzert und die Verleihung des Ordens wider den tierischen Ernst (s. S. 11).

**105** [F5] **Grenzlandtheater,** Friedrich-Wilhelm-Platz 5/6, Tel. 4746111, www.grenzlandtheater.de, geöffnet: Kasse Mo.–Fr. 10–14 und 17–18.30, Sa. 10–14 Uhr, bei Vorstellungen Abendkasse 18.30–20 Uhr. Das kleine Kammertheater tritt nicht nur in Aachen, sondern auch in den Theatern in der Region auf – also im Grenzland zu Aachen. Das

016aa Abb.: ©LightVision, stock.adobe.com

Grenzlandtheater bietet ein umfangreiches Programm, das von der Komödie über klassische Aufführungen bis hin zu modernen Stücken reicht.

106 [D6] **Mörgens,** Mörgensstraße 24, Tel. 4784244, www.theateraachen.de, geöffnet: Di.-Fr. 11-18, Sa. 10-14 Uhr. Das Mörgens ist die kleinste Spielstätte des Aachener Theaters. Der Vorteil hier: Bühne und Zuschauerraum können flexibel an das jeweilige Stück angepasst werden. Mal nimmt der Zuschauer nur beobachtend teil, mal ist er ins Stück mit integriert. Hier finden vor allem junge, experimentelle Produktionen statt. Eine Besonderheit ist auch das „Instant Music": Schauspieler und Musiker präsentieren eigene Interpretationen zu bestimmten Themen.

107 [E5] **Theater Aachen,** Theaterplatz, Tel. 4784244, www.theateraachen.de, Theaterkasse: Di.-Fr. 11-18, Sa. 10-14 Uhr. Das Theater bietet Schauspiel, Musiktheater und Konzerte. Gespielt wird auf der großen Bühne mit mehr als 700 Plätzen und bei kleineren Inszenierungen in der Kammer. Im Spiegelfoyer finden Lesungen und Kammermusik statt. Das Theater beherbergt auch das Sinfonieorchester Aachen, das zu den ältesten Orchestern in Deutschland gehört und in den 1930er-Jahren von Herbert von Karajan dirigiert wurde. Das Theater wurde 1825 nach Plänen von Johann Peter Cremer und dem Staatsbaumeister Carl Friedrich Schinkel erbaut, allerdings ist nur noch der Eingang original. Der Rest wurde im Zweiten Weltkrieg zerstört und danach wieder aufgebaut.

*Das Theater Aachen beherbergt auch das Sinfonieorchester*

# Aachen zum Stöbern und Shoppen

*Wer in Aachen einkaufen möchte, hat die Qual der Wahl. Zahlreiche Einkaufsstraßen und Passagen finden sich hier auf engstem Raum. Direkt in der Altstadt in der Krämerstraße oder, nicht weit vom Dom entfernt, in der Annastraße. Einkaufspassagen gibt es zum Beispiel in der Elisengalerie am Elisenbrunnen mit verschiedenen Geschäften und Restaurants. Die Adalbertstraße, die längste Einkaufsstraße in Aachen, ist verkehrsberuhigt. Hier befindet sich auch ein großes Einkaufszentrum, das Aquis Plaza.*

Geöffnet sind die Geschäfte in der Aachener Innenstadt in aller Regel von Montag bis Samstag von 9-20 Uhr. Daneben gibt es auch immer wieder verkaufsoffene Sonntage, vor allem in den Wochen vor Weihnachten.

Eine der ältesten Geschäftsstraßen ist die **Krämerstraße** [E4] in der **Altstadt.** Dort reihen sich kleine Geschäfte, in historischen Häusern untergebracht, aneinander. Vor allem wer sich für Kulinarisches interessiert, wird dort fündig.

Auch rund um den Dom sind viele kleine Läden angesiedelt. In der Annastraße (die am Fischmarkt 15 abzweigt) gibt es Außergewöhnliches zu entdecken: hochwertige Teppiche, Taschen, Schals; ein Antiquariat mit unter Denkmalschutz stehender Inneneinrichtung; Schmuckläden und einen italienischen Feinkostladen. Eine der beliebten Einkaufspassagen ist die **Elisengalerie** gegenüber dem **Elisenbrunnen** 12. Sie wurde 1997 eröffnet und beherbergt Geschäfte, Restaurants und ein Theater, das

008aa Abb.: ck

Grenzlandtheater – auf über 4800 Quadratmetern. Beliebt ist auch die **Adalbertstraße** [F5]. 1972 wurde sie verkehrsberuhigt. Heute ist sie Aachens längste Einkaufsstraße. Sie führt vom Elisenbrunnen bis zur Kirche St. Adalbert. Hier liegen kleine Einzelhandelsgeschäfte neben großen Kaufhäusern wie dem Einkaufszentrum Aquis Plaza und Filialen von Ketten. Auch in einzelnen Stadtteilen gibt es gute Einkaufsmöglichkeiten wie z. B. im Frankenberger Viertel oder in Burtscheid.

**Wochenmärkte:** Auf dem **Markt** 5 vor dem Rathaus ist am Dienstag und Donnerstag Markt von 7–14 Uhr. Auch auf dem **Münsterplatz** 13 gibt es einen Markt. Er findet am Samstag von 9–14 Uhr statt und hat eine lange Tradition. An Samstagen kann man hier Bioware von den Bauern kaufen. In Burtscheid 28 gibt es am Freitag von 7–13 Uhr einen Markt in der Kapellenstraße. Und im Frankenberger Viertel findet am Neumarkt jeden Samstag von 7–13 Uhr der Markt statt.

## Typische Aachener Produkte

**108** [be] **Lambertz Werksverkauf,** Ritterstr. 9, Tel. 8905237, www.lambertz-shop.de, geöffnet: Jan.–Sept. Mo.–Fr. 9–18, Sa. 9–13, zwischen Aschermittwoch und Ostern Mo.–Fr. 9–19, Sa. 9–15, Okt.–Dez. Mo.–Fr. 8.30–20, Sa. 8.30–18 Uhr. Lambertz ist für sein Gebäck und seine Süßwaren bekannt. Seit 1688 werden in dem Backhaus Printen (s. S. 68) gebacken. Vor allem die Kräuterprinte von Johann Werner Lambertz war 1820 eine Neuheit, die Schokoladenprinte folgte. Zur Lambertz-Gruppe gehören Marken wie Lambertz, Kinkartz, Weiss und Haeberlein-Metzger. Die Produktpalette umfasst Kuchen, Kekse, Printen, Dominosteine, Zimtsterne, Butterspekulatius, Lebkuchen. Naschkatzen können mit Bruchware und zweiter Wahl bis zu 30 % sparen!

**109** [E5] **Nobis Printen,** Münsterplatz 2, Tel. 968000, www.nobisprin

*Karl der Große, als Printenfigur gebacken*

ten.de, geöffnet: Mo.-Fr. 9-19, Sa./So. 9-18 Uhr. Printen bei Nobis gibt es in Aachen seit 1858. Bis heute ist die Bäckerei in der Hand der Familie, die inzwischen 29 Bäckereien und Cafés in Aachen und Umgebung unterhält. Das Schaufenster ist, vor allem in der Vorweihnachtszeit, sehr schön dekoriert. Direkt neben dem Printen-Spezialgeschäft liegt auch das Bäckerei-Café. Hier kann man schon sehr früh am Morgen lecker frühstücken (Mo.-Fr. ab 7, Sa. ab 7.30 u. So. ab 9 Uhr).

› **Öcher Produkte:** Kleidung, Postkarten, Tassen, Accessoires usw., die mit typischen Aachener (Öcher) Motiven bedruckt sind. Verkauf z. B. in der Mayerschen Buchhandlung (s. S. 88) bzw. online unter www.oecher-laedchen.de oder www.aachen-geschenke.de.

**110** [E7] **Printenbäckerei Klein,** Franzstraße 91, Tel. 474350, www.printen.de, geöffnet: Mo.-Fr. 6.30-18.30, Sa. 6.30-14 Uhr (in der Vorweihnachtszeit Sa. 6.30-18 Uhr). Printen sind das ehemalige Pilgerbrot. Die Bäckerei Klein hat sich fast ausschließlich auf dieses traditionelle Gebäck spezialisiert und verkauft es sowohl in traditioneller Art, eher trocken und fest, als auch in anderen Varianten mit Schokoladenüberzug oder als Printenkonfekt. Hier befindet sich auch ein kleines Printenmuseum (s. S. 62). In der Vorweihnachtszeit werden die Printen auch am Dom am Münsterplatz 15 [E5] verkauft.

## Lebensmittel

**111** [D5] **A Tavola da Giorgio,** Annastr. 10, Tel. 4006123, http://neu.dagiorgio-aachen.de, geöffnet: Di.-Fr. 10-18, Sa. 9-15 Uhr. Hier kann man bei einem italienischen Espresso die Aussicht auf das italienische Festessen mit seinen vielen Spezialitäten genießen: Es gibt diverse Schinkensorten, Salamisorten wie z. B. Trüffel- und Wildschweinsalami, eine große Auswahl an Käsesorten, Olivenöl, Pasta, Wein, Likören, Antipasti - alles, was das italienische Feinschmecker-Herz begehrt!

> **Shoppingareale**
> Die wichtigsten Shoppingbereiche der Stadt sind im Kartenmaterial mit einer rötlichen Fläche markiert.

**112** [A1] **Bahlsen Fabrikverkauf,** Süsterfeldstr. 27, Tel. 89467791, www.bahlsen-outlet.de, geöffnet: Mo.-Fr. 10-19, Sa. 10-18 Uhr. Ca. 25-30 % günstiger als im Laden. Der Werksverkauf stellt jedes Leckermaul zufrieden: Gebäck, Kuchen und Knabberspezialitäten; zudem als Bruchware und zweite Wahl u. a. Chips der Marke Lorenz, Nic Nac's, Leibniz Kekse, Lebkuchen und sonstige Leckereien.

**113** [E5] **Contigo,** Krämerstr. 20-34, Tel. 46360096, www.aachen.contigo.de, geöffnet: Mo.-Sa. 10-19 Uhr. Contigo ist Kaffeerösterei mit mehr als einem Dutzend Sorten und zugleich Fairtrade Shop mit ganz unterschiedlichen Produkten aus aller Welt. Die Kaffees werden vor Ort frisch geröstet und auch gleich, wer möchte, im Laden ausgeschenkt. Daneben gibt es geschmackvoll ausgewählte Lederwaren, Schmuck, Accessoires aus der ganzen Welt, alles fair gehandelt.

**114** [B6] **Dresse Nougat,** Vaalser Str. 10, Tel. 31277, geöffnet: Sa. 10-13 Uhr. Der Weiße Nougat wird bereits seit 1890 in Aachen hergestellt. 1932 übernahm Martin Wilhelm Dresse die Nougatmanufaktur sowie das holländische Originalrezept. So entstanden die Nougat Blokke - in typischer Rautenform und in rotes, grünes und silbernes Stanniolpapier verpackt. In der Vorweihnachtszeit wird der Nougat auch auf dem Aachener

Weihnachtsmarkt (s. S. 94) auf dem Marktplatz ⑤ verkauft.

**115** [A1] **Lindt & Sprüngli Werksverkauf,** Süsterfeldstr. 130, Tel. 8881635, www.lindt.de/shops/werksverkauf, geöffnet: Mo.–Fr. 9–20, Sa. 9–16 Uhr. Auch an einigen Sonntagen geöffnet (siehe Website). Lindt ist wohl allen Naschkatzen bekannt. Im Angebot sind Schokoladenartikel und Pralinen sowie Saison-Ware für z. B. Weihnachten oder Ostern. Hier kann man die Leckereien etwa 30–40 Prozent günstiger erwerben als im herkömmlichen Handel. Außerdem werden Pralinen, Schokotafeln und Kugeln als Bruchware sowie Ware erster und zweiter Wahl verkauft.

009aa Abb.: hg

**116** [E4] **Plum's Kaffee,** Körbergasse 14, Tel. 33029, www.plumskaffee.de, geöffnet: Mo.–Fr. 9.30–18, Sa. 9–17 Uhr. Plum's gilt als älteste Kaffeerösterei Deutschlands und besteht bereits seit 1820. Geröstet wird in der Rösterei am Hammerweg 4, verkauft wird der Kaffee hier im Laden in der Altstadt. Für die unterschiedlichsten Zubereitungsmethoden werden spezielle Kaffeesorten angeboten.

**117** [J2] **Zentis Werksverkauf,** Jülicher Str. 177, Tel. 47600, www.zentis.de, geöffnet: Mo.–Fr. 10–15 Uhr. Das Unternehmen ist für seine Marmeladen bekannt, v. a. für das Original Aachener Pflümli. 1893 eröffnete Franz Zentis einen Lebensmittelladen im Zentrum von Aachen nicht weit vom Dom. Angeblich liebte schon Karl der Große Pflaumen, so schuf Franz Zentis sein bekanntes Pflaumenmus, das Original Aachener Pflümli. Beim Werksverkauf kann man bis zu 30 bzw. 50 Prozent sparen.

## Mode, Kleidung, Accessoires

**118** [E4] **dacapo mode & accessoires KG,** Dahmengraben 7, Tel. 20388, www.dacapo-aachen.de, geöffnet: Mo.–Fr. 11–18, Sa. 11–17 Uhr. Laden mit ausgefallener Kleidung und Accessoires. Vor allem exklusive Mode aus Europa und Japan, z. B. von Y-3 by Yohji Yamamoto.

**119** [E5] **Die Hutmacherin,** Theaterstraße 49, Tel. 01788163296, geöffnet: Di.–Fr. 10–18, Sa. 10–16 Uhr. Die Hutmacherin Julia Stoll entwirft und fertigt Hüte für

*◁ Bei Lindt & Sprüngli gibt es Süßes im Werksverkauf*

*▷ Im dacapo mode & accessoires findet man exklusive Kleidung aus Europa und Japan*

Männer und Frauen aus verschiedenen Materialien – von Stroh über Baumwolle und Leinen bis zu Federn.

120 [C5] **hautnah**, Jakobstraße 112, Tel. 33155, www.hautnah-mode-aachen.de, geöffnet: Di.–Fr. 11–18.30, Sa. 11–16 Uhr. Individuelle Mode verschiedener kleiner Labels. Auch Ökoware. Dazu Accessoires wie Schals.

121 [D5] **Lotus Collection,** Annastr. 7, Tel. 99036387, www.lotuscollection.com, Di.–Fr. 11–18, Sa. 11–16 Uhr. Gegründet von zwei Designerinnen, bietet der Laden hochwertige Interieur-Kollektionen aus ausgewählten Textilien. Präsentiert werden Teppiche, Kissen, Schals, Tischdecken, edles Interieur. Alles in Handarbeit und fair produziert. Angeregt wurden sie u. a. durch ihre Reisen. Im Ausstellungsraum steht ein Webstuhl.

122 [C5] **mancherlei,** Jakobstraße 45, Tel. 35117, www.mancherlei-aachen.de, geöffnet: Mo.–Fr. 10.30–13.30 und 15–18.30, Sa.10–16 Uhr. Kleiner Laden mit ausgefallenem Schmuck und Accessoires. Das Angebot reicht von Modeschmuck bis zu außergewöhnlichen Stücken aus Gold, Silber, Edelstahl, Papier, Perlen usw. Ein Hingucker sind auch die Taschen aus Leder, Rosshaar oder Lkw-Reifen.

## Buchhandlungen

123 [D3] **Buchhandlung Pontstraße 39,** Tel. 28008, www.buchladen39.de, geöffnet: Mo. 12–18, Di.–Fr. 10–18, Sa. 10–15 Uhr. Mitten im Studentenviertel gelegen, bietet der Laden ein gutes Angebot an Büchern zu Architektur, Pädagogik, Sozialwissenschaften und Belletristik sowie Kinder-/Jugendbücher. Auch Karten für das Das DA Theater (s. S. 80) gibt es hier.

124 [E5] **Buchhandlung Schmetz,** Münsterplatz 7–9, Tel. 31369, www.buchhandlung-schmetz.de, geöffnet: Mo.–Fr. 9.30–19, Sa. 9.30–18 Uhr. Die zentral gelegene Buchhandlung mit gutem Sortiment bietet seit 1951 Stoff für Leseratten. Besonders beliebt auch bei jungen Lesern ist die Abteilung Schmetz Junior mit ausreichend Lesefutter für Kinder und Jugendliche.

125 [F5] **Bäng Bäng Comic-Buchhandlung,** Wirichsbongardstr. 34, Tel. 35101, www.baengbaeng.de, geöffnet: Mo.–Fr. 10–19, Sa. 10–17 Uhr. Hier werden Comic-Fans fündig, der Laden bietet eine große Auswahl. Auch einige Raritäten befinden sich darunter. Daneben bietet er aber auch T-Shirts, Poster und Tradingcards (Magic, Yu-Gi-Oh).

124aa Abb.: ck

125aa Abb.: ck

MEIN TIPP

### KaffeeFleck in der Mayerschen Buchhandlung

Wer Lust auf eine kleine Erfrischung hat und gleichzeitig in Büchern stöbern möchte, kann dies im 2. Stock der Mayerschen Buchhandlung (s. links) im KaffeeFleck tun. Dort gibt es Kaffee, Kuchen, Macarons und viele andere süße Köstlichkeiten.

› geöffnet: Mo.–Sa. 9.30–19 Uhr

**126** [H7] **Frankenberger Buchladen,** Schloßstr. 12, Tel. 541079, geöffnet: Mo.–Fr. 9.30–18.30, Sa. 10–14 Uhr. Kleiner Buchladen mitten im Frankenberger Viertel. Das Sortiment umfasst Belletristik, Sachbücher, Hörbücher, Kinder-und Jugendbücher, Software, Videos und Spiele sowie kleine Geschenkartikel.

**127** [E4] **M. Jacobi's Nachfolger,** Büchel 12, Tel. 32443, https://jacobibuch.buchkatalog.de, geöffnet: Mo.–Fr. 10–18.30, Sa. 10–16 Uhr. Zentrale Buchhandlung mit langer Tradition. Das Sortiment umfasst Belletristik, Kinder- und Jugendliteratur, philosophische Werke, Kunst- und Geschichtsbücher sowie Reiseführer.

**128** [E5] **Mayersche Buchhandlung,** Buchkremerstr. 1–7, Tel. 47770, www.mayersche.de, geöffnet: Mo.–Sa. 9.30–20 Uhr. Gegenüber dem Elisenbrunnen gelegen ist die Mayersche Buchhandlung. Auf 5 Etagen finden Leseratten hier alles, was das Herz begehrt, auch englischsprachige, französische und niederländische Literatur. Es gibt eine große Abteilung mit Büchern zu Aachen, Reiseführer, Aachenkrimis und Bücher zur Stadtgeschichte. Eine Galerie von Lumas bietet Fotokunst. Im Forum M in der 4. Etage finden regelmäßig Veranstaltungen statt – von Lesungen bis Kabarett. Für Lesehungrige gibt es den 24-Stunden-Büchernotdienst: einen Buchautomaten im Eingangsbereich der Buchhandlung.

## Sonstige Läden

**129** [B6] **Auguste im Bade** 🦋, Jakobstraße 218, Tel. 47596097, www.augusteimbade.de, geöffnet: Di./Mi./Fr. 11–17.30, Do./Sa. 11–15 Uhr. Der kleine Laden bietet Körperpflegeprodukte. Alles plastikfrei, unverpackt und ohne Chemikalien. Handgemachte Seifen, Körperbutter, Deos, Lippenbalsam, Shampoos, Duschgele und Öle aus kleinen zertifizierten Manufakturen.

**130** [D5] **Dom Shop,** Johannes-Paul-II-Str. 13, Tel. 23340, www.einhardverlag.de, geöffnet: Mo.–Fr. 10–17,

*Engels Kerzen fertigt in einer eigenen Manufaktur schöne Kerzen für alle Gelegenheiten*

*Die kleinen Läden in der Annastraße [D5] bieten Außergewöhnliches, z. B. Musikinstrumente*

Sa. 10–14 Uhr. Der Laden bietet alles zum Thema Dom und Aachen. Die Auswahl umfasst Bücher, Kunstdrucke, Geschenk- und Gebrauchsartikel.

**131** [dg] **Dr. Babor**, Neuenhofstr. 180, Tel. 5296504, https://de.babor.com, Mi./Do. 14–18, Fr. 12–18, Sa. 11–14 Uhr. Werksverkauf der Kosmetikfirma Babor. Seit 1956 entwickelt das Unternehmen Pflegeprodukte für den Körper. Im Mittelpunkt steht dabei der respektvolle Umgang mit der Natur. So verzichtet Babor von Anfang an auf Tierversuche und setzt Rohstoffe aus Bio-Pflanzen und auf Basis nachwachsender Ressourcen ein. Im Outlet sind Waren aus auslaufenden Produktreihen und Lagerbeständen zu erwerben. Bis zu 40 Prozent können im Schnitt gespart werden.

**132** [D5] **Engels Kerzen,** Spitzgässchen 3, Tel. 406198, www.engels-kerzen.de, geöffnet: Mo.–Fr. 10–18.30, Sa. 9.30–16 Uhr. Kerzen für unterschiedliche Anlässe, sowohl für den Privatgebrauch als auch für die Kirche. In der zugehörigen Manufaktur in Kempen werden dafür extra Kirchenkerzen gefertigt.

**133** [D4] **il sogno,** Markt 14–20, Tel. 4465341, www.ilsogno.de, geöffnet: Mo. 10.15–15, Di.–Fr. 10.15–18, Sa. 10.15–16 Uhr. Der kleine Laden am Marktplatz bietet schöne Dinge fürs Leben und Wohnen – Vasen, Decken, Kissen, Handtücher, Kerzen, Uhren, Taschen usw. Alles mit Liebe ausgesucht.

**134** [E4] **Korbwaren Bayer,** Körbergasse 5, Tel. 36395, www.korbbayer.de, geöffnet: Mo.–Fr. 10–18.30, Sa. 10–18 Uhr. Der letzte der Aachener Korbmacher, fast ein kleines Museum, verkauft liebevoll präsentierte Körbe, Staubwedel, Rasierpinsel, Bürsten in allen Varianten und Größen sowie Produkte aus Olivenholz.

**135** [D5] **missio-Laden „weltweit am Dom",** Münsterplatz 28/Ecke Spitzgässchen, Tel. 41211691, www.missio-hilft.de, geöffnet: Mo.–Sa. 10–18 Uhr, im Advent tgl. 10–18 Uhr. Laden des Internationalen Hilfswerks missio. Hier gibt es neben Informationen auch Kunsthandwerk und Ideen für Geschenke aus einer Welt. Die Erlöse fließen in karitative Projekte weltweit.

› **Museumsshop im Suermondt-Ludwig Museum** (s. S. 63), das Angebot reicht vom Spiel für Kinder über Kataloge, Postkarten bis hin zu Produkten von Aachener Designern. Vor allem wer sonntags noch etwas Passendes zum Verschenken sucht, ist hier richtig.

**136** [J6] **Plattenbau Aachen,** Viktoriastr. 51, Tel. 1684044, www.plattenbau-aachen.de, geöffnet: Mo.–Fr. 11–19, Sa. 11–16 Uhr. Die guten alten Vinyl-Platten gibt es im Plattenbau, außerdem CDs, DVDs – neu und secondhand. Schwerpunkte des Sortiments sind Pop, Rock, Indie, Jazz/Blues, Clubsounds sowie Wave/Gothic.

010aa Abb.: ck

020aa Abb.: hg

# Aachen zum Durchatmen

*In der Altstadt von Aachen gibt es keine größeren Grünanlagen. Nur der Elisengarten lädt mit seinen Brunnen und Bänken zum Verweilen ein. Außerhalb des Alleenrings finden sich jedoch eine Reihe von Parks und Grünoasen. Insgesamt gibt es ca. 400 Hektar grüne Flächen im Stadtgebiet.*

*Die Frankenburg, heute ein Kulturzentrum, steht mitten im lebendigen Frankenberger Viertel* 27

Der im Norden liegende **Lousberg** 22 wird von den Aachenern gern zur Erholung genutzt. Am nördlichen Bergabhang befinden sich Hängematten aus Stahl, in denen sich Spaziergänger ausruhen können.

Die Soers ist eine alte Kulturlandschaft. Seit der Euregionale 2008 gibt es hier den **Pferdelandpark**. Mittelpunkt ist der Weiße Weg, ein Pfad, der mit überwiegend weiß blühenden Pflanzen geschmückt ist und bis in die Niederlande führt. Es folgen die 1914 bis 1916 errichteten Kuranlagen mit dem **Stadtgarten** 24 und dem Wingertsberg [G2]. Der Stadtgarten entstand 1852 unter Leitung des königlichen Landschaftsgärtners Peter Joseph Lennè. Im Osten Aachens befindet sich der **Kennedypark.** Auf dem ehemaligen Militärgelände wurde in den 1960er-Jahren ein Park angelegt, an dessen Eingang am Elsassplatz [J6] sich eine Büste des amerikanischen Präsidenten John F. Kennedy befindet. Dem Besucher bieten sich Wiesen, Gärten, Spielplätze und eine Skateanlage. Hier finden auch Kulturveranstaltungen statt.

Im Südosten Aachens befindet sich das **Frankenberger Viertel** 27 mit der Burg Frankenberg. Die Grünanlage rund um die Burg ist im Sommer ein beliebter Treffpunkt. Im angrenzenden Viertel **Burtscheid** 28 im Süden von Aachen gibt es zwei Parkanlagen, den Kurgarten und den **Ferberpark.** Letzterer ist vor allem bei Familien mit Kindern beliebt (s. S. 54). Denn mitten im Park gibt es einen großen Spielplatz. Ebenfalls im Ferberpark liegt auch ein Café mit schöner Terrasse.

Beliebt ist der Aachener Tierpark, der **Euregiozoo** (s. S. 118), den die Aachener selbst *Öcher Zoo* nennen. Die Vielfalt der Tiere im Zoo reicht von kleinen exotischen Vögeln bis hin zu Zebras aus Afrika. Südwestlich der Stadt liegt der **Kaiser-Friedrich-Park** [bg] mit dem Schwimmbad Hangweiher. Das Gebiet um den Weiher wird vor allem von Familien mit Kindern genutzt. Hier gibt es einen Spielplatz und ein Schwimmbad. Es wird Fußball gespielt und im Sommer kann man auf dem Teich Tretboot fahren.

Der **Öcher Bösch**, der **Aachener Wald** [bg], ist die grüne Lunge der Stadt. Er befindet sich im Süden der Stadt und umfasst eine Fläche von 2300 Hektar. Der höchste Punkt ist der Steineknipp, auf 358,7 Metern. Der Aachener Wald ist ein Mischwald und Erholungsgebiet mit vielen Wanderwegen. Früher wurde er vor allem als Brennholz- und Eichellieferant genutzt. Den Namen *Öcher Bösch* hat der Wald von seinen vorwiegend niedrigen Bäumen aus früheren Tagen, die eher Büschen als großen Bäumen ähnlich sahen. Die Baumrinde der Eiche wurde von den Lohgerbern genutzt, also Gerbern, die Rinderhäute zu Leder verarbeiteten. Dafür wurden die Bäume bereits nach ca. 20 Jahren gefällt, wenn sie nur ca. 10 Meter hoch waren. Der Ende des 19. Jh. angelegte Hochwald ist heute ein Erholungspark mit Aussichtspunkten, beschilderten Wegen und Gaststätten.

Eine weitere grüne Oase ist der **Von-Halfern-Park** [bg], der von dem Tuchfabrikanten Friedrich von Halfern um 1891 im Stil eines englischen Gartens angelegt wurde. Vor allem Pflanzen aus exotischen Ländern sind hier zu finden, unter anderem die 1891 angepflanzten Solitärbäume. Die Anlage ist etwa 10 Hektar groß.

Im Westen liegt der 1885 entstandene **Westpark** (s. S. 119). An dieser Stelle befand sich früher der Zoologische Garten, von dem jedoch nur noch ein Weiher übrig ist. Im Laufe der Zeit hat der Park sich immer wieder verändert und besaß zwischenzeitlich eine Radrennbahn. Heute ist er eine Oase für Erholung suchende. Für Sportler gibt es einen Fußballplatz und Tischtennisplatten, für Kinder ein paar Spielplätze.

Der **Botanische Garten** ist Teil der Technischen Hochschule Aachen (s. S. 43) und liegt im Westen der Stadt. Er umfasst etwa 1,2 Hektar Freifläche und mehr als 600 Quadratmeter Gewächshäuser. Hier gedeihen mehr als 5000 verschiedene Pflanzenarten: z. B. Alpenpflanzen, Farne, Heidepflanzen, Sukkulenten sowie fleischfressende Pflanzen.

Direkt hinter Gut Melaten [bf] befindet sich der **Karlsgarten** (ein größerer Garten als der Kräutergarten im Zentrum, s. S. 23) zur Erinnerung an die Landgüterverordnung von Karl dem Großen, dem „Capitulare de villis". Die im Karlsgarten angebauten Pflanzen geben einen guten Überblick, welche Pflanzen, Bäume, Obstsorten und Kräuter damals wichtig waren.

- •137 [A4] **Botanischer Garten (Karlsgarten),** Gut Melaten, Tel. 01712709258, www.biozac.de, geöffnet: tgl. ganztägig

Mein Tipp

### Ferbers im Ferberpark

Das moderne **Café Ferbers** (s. S. 76) befindet sich im Ferberpark in Burtscheid. Hier kann man ausgesprochen gut frühstücken. Es gibt französisches Frühstück mit Croissant, aber auch auf Italienisch, Spanisch und auch vegetarisch lässt sich hier der Tag beginnen. Für den kleinen Hunger zwischendurch gibt es Baguette oder Focaccia, für den etwas größeren u. a. Pizza und Pasta. Der Park ist für Kinder geeignet.

057aa Abb.: ©Nadine Haase, stock.adobe.com

# Zur richtigen Zeit am richtigen Ort

## Januar bis März

- **Karlsfest:** Feier anlässlich des Todestags Kaiser Karls am letzten Sonntag im Januar. Die Feier beginnt um 10 Uhr mit einem Pontifikalamt im Dom ❶. Ein Fest mit mittelalterlichen Spezialitäten findet dann im Rathaus ❹ statt (www.aachen.de).
- **Karneval in Aachen** (s. S. 93): Im Februar/März in der Innenstadt von Aachen. Am Karnevalssonntag finden der Zug der Kinder sowie die Stadtteilzüge statt. Am Rosenmontag gibt es den offiziellen Umzug in der Innenstadt (www.aak-aachen.de).
- **Verleihung des „Ordens wider den tierischen Ernst“** (s. S. 11): Jedes Jahr verleiht der Aachener Karnevalsverein im Rahmen einer großen Karnevalsshow im Eurogress (s. S. 82) diesen Orden an Persönlichkeiten, die sich durch Humor und menschliches Verhalten in ihrem Amt ausgezeichnet haben (www.akv.de).
- **Schrittmacher Festival Aachen:** Ende Februar/Anfang März bietet das Schrittmacherfestival ein breit gefächertes Programm rund um den Tanz, bei dem sich internationale Tanzkompanien mit ungewöhnlichen Inszenierungen präsentieren.
- **Flohmarkt:** Viermal im Jahr (einmal pro Quartal) findet ein Flohmarkt in der Altstadt statt (Zentrum Dom/Rathaus, Infos: www.melan.de).

## April bis Juni

- **Öcher Bend (Kirmes):** Zweimal im Jahr wird die Kirmes auf dem Bendplatz [A-B1] in Aachen veranstaltet, einmal davon im Frühjahr.
- **Verleihung des Internationalen Karlspreises zu Aachen** (s. S. 10): Seit 1950 wird in Aachen der Karlspreis an eine Persönlichkeit bzw. Institution vergeben, die sich für die Verständigung in Europa einsetzt. Die Feierlichkeiten finden jedes Jahr an Christi Himmelfahrt im Krönungssaal des Aachener Rathauses statt (www.karlspreis.de).
- **Verleihung des Europäischen Jugendkarlspreises zu Aachen:** Seit 2008

## Karneval in Aachen

Der Karneval, die sogenannte fünfte Jahreszeit, hat in Aachen eine lange Tradition und beginnt offiziell am 11.11. um 11.11 Uhr. Der „rheinische Karneval" geht auf das 19. Jahrhundert zurück, als unter der Herrschaft der Franzosen im Rheinland politische Kritik und Meinungsäußerungen verboten waren. Um ein Ventil für die Kritik zu haben, traf man sich in Clubs und kritisierte dort in Reden und Vorträgen auf humorvolle Art die Politik. So entstanden die Büttenreden, die auch heute noch eine wichtige Rolle im rheinischen Karneval spielen.

Die „tollen Tage" starten am Do. (vor Aschermittwoch), an Altweiber. Dann stürmen die Frauen mit Scheren bewaffnet das Rathaus und schneiden damit den Männern die Krawatten ab.

Eine wichtige Tradition sind die Karnevalszüge. Am Karnevalssonntag finden der Kinderzug sowie die Stadtteilzüge statt. Am Rosenmontag ziehen dann die „Jecken" im großen Karnevalszug mit mehr als 140 geschmückten Wagen durch die Innenstadt. Sie rufen „Alaaf" (dreimal hintereinander) und werfen „Kamellen" (ursprünglich Karamell-Bonbons) ins närrische Volk.

Am Karnevalsdienstag wird noch einmal bis Mitternacht ausgelassen gefeiert. Am Ende wird der Prinz Karneval von Bad Aachen feierlich „zu Grabe getragen", das heißt beim Schlussball des Aachener Karnevalsvereins im Aachener Stadttheater aus dem Saal getragen. An Aschermittwoch ist schließlich alles vorbei und es beginnt die 40-tägige Fastenzeit.

wird er an Menschen zwischen 16 und 30 Jahren vergeben, die sich um Europa verdient gemacht haben. Er wird zwei Tage vor dem Karlspreis überreicht (www.karlspreis.de, s. S. 10).

- **3Rides:** Fahrradfestival im Dreiländereck. Auf dem CHIO-Gelände finden verschiedene Rennen statt, es gibt auch einen Test-Parcours. Zudem werden Workshops angeboten, ein Kunsthandwerksmarkt, Konzerte und Kulinarisches (www.3rides-festival.com).
- **Zirkus Roncalli:** Ende April bzw. Anfang Mai kann man den Zirkus Roncalli auf dem CHIO-Gelände erleben (www.roncalli.de).

*Seit 1924 findet das Weltsportfest des Pferdes jedes Jahr in Aachen statt*

- **Internationale Chorbiennale:** Seit 2009 findet alle zwei Jahre im Mai/Juni die internationale Chorbiennale statt. Chöre aus Aachen treten zusammen mit internationalen Ensembles auf (www.chorbiennale.com).
- **Aachener Heiligtumsfahrt** (s. S. 108): Alle sieben Jahre strömen Pilger aus aller Welt in den Aachener Dom 1. Nach der Heiligtumsfahrt 2014 gab es coronabedingt eine längere Pause. Die nächste Pilgerfahrt wird vom 9. bis zum 19. Juni 2023 veranstaltet (https://heiligtumsfahrt-aachen.de).

### Juli bis September

- **CHIO – Weltfest des Pferdesports** (s. S. 11): Das CHIO (Concours Hippique International Officiel) – wird seit 1924 in Aachen im Reitstadion im Sportpark Soers ausgetragen – in fünf Disziplinen: Springreiten, Dressur, Vielseitigkeit, Fahren und Voltigieren (www.chio aachen.de).

- **Street Food Music Festival Aachen:** Freunde internationalen Essens können auf diesem Festival zahlreiche Spezialitäten probieren. Dazu gibt es Musik (www.street-food-music.de).
- **Radrennen „Rund um Dom und Rathaus":** Im Juli/August wird das traditionelle Radrennen des ältesten Radsportvereins Aachens veranstaltet. Das erste Radrennen dieser Art fand im Jahr 1909 statt. Sponsor ist die Aachener Bank (www.zugvogel-aachen.de).
- **Weinsommer:** An einem verlängerten Wochenende im August präsentieren Winzer auf dem Katschhof 3 ihre Weine aus Anbaugebieten aus Rheinland und Pfalz (www.weinsommer.de/aachen).
- **Frankenberger Alleenfest:** Im Frankenberger Viertel 27 findet am letzten Sonntag im August auf dem grünen Mittelstreifen der Oppenhoff- und Viktoriaallee das Fest der Anwohner und Bürger des Stadtviertels statt. Neben Essen, Trinken und Musik wird auch ein Flohmarkt geboten (https://burgfran kenberg.de).
- **Öcher Bend (Kirmes):** Die Öcher Bend wird ein zweites Mal im Jahr im Spätsommer auf dem Bendplatz [A–B1] veranstaltet (s. S. 92).
- **Kurpark Classix:** Das Open-Air-Festival Ende August/Anfang September im Kurgarten an der Monheimsallee [G3] wendet sich nicht nur an Liebhaber der klassischen Musik. Es gibt auch spezielle Konzertangebote für Kinder (www.kur parkclassix.de).
- **NetAachen-Domspringen:** Die Spitzensportler des Stabhochsprungs treffen sich jedes Jahr im September zu einem Wettkampf auf dem Katschhof 3. Der Wettkampf wird von den Athleten „Hexenkessel" genannt, da er zwischen Dom 1 und Rathaus 4 inmitten der Menschenmenge ausgetragen wird (www.netaachen.de/domspringen).
- **Europamarkt der Handwerker:** Am ersten Wochenende im September wird der Europamarkt für Kunsthandwerk und Design von der Handwerkskammer veranstaltet – mit 300 Ständen einer der größten Handwerkermärkte Deutschlands. Kunsthandwerk und Design wird auf verschiedenen Plätzen der Altstadt verkauft, zum Beispiel auf dem Markt 5, dem Hühnermarkt, dem Hof 8, dem Münsterplatz 13 und dem Katschhof 3 (www.europamarkt-aachen.de).
- **Aachen Special bzw. Aachen September Special:** Auf den schönsten Plätzen der Altstadt finden an einem verlängerten Wochenende im August/September zahlreiche Livekonzerte statt. Sowohl regionale als auch internationale Künstler der unterschiedlichsten Musikrichtungen treten auf. Insgesamt sind es ca. 30 Konzerte – von Pop über Soul bis zu Deutsch-Rock. Der Eintritt ist frei (www.aachenseptemberspecial.de).
- **Aachener Kunstroute** (s. S. 65): Jährlich präsentieren sich im September bzw. Oktober bei der Aachener Kunstroute Museen, Galerien und Kunstvereine. Die Stationen sind über die ganze Stadt verteilt.

## Oktober bis Dezember

- **Nacht der offenen Kirchen:** Mehr als 20 Gotteshäuser öffnen im Oktober ihre Türen und präsentieren ein umfangreiches Kulturprogramm (www.nacht-der-kirchen.de).
- **Aachener Weihnachtsmarkt:** In der Adventszeit findet rund um Dom 1 und Rathaus 4 der Weihnachtsmarkt statt. Es gibt Kunsthandwerk, Kleidung und typische regionale Köstlichen, zum Beispiel Glühwein und Reibekuchen (https://aachenweihnachtsmarkt.de).

# AACHEN VERSTEHEN

126aa Abb.: ©Bernhard Küpper, stock.adobe.com

# Aachen – ein Porträt

*In der recht kompakten Altstadt Aachens liegen die meisten Sehenswürdigkeiten innerhalb der äußeren Stadtmauer, also innerhalb des Alleenrings. Außerhalb des Alleenrings befinden sich verschiedene jüngere Viertel und Orte, die erst später eingemeindet wurden, heute aber zu Aachen gehören wie z. B. Burtscheid.*

Unter **Friedrich I. Barbarossa** wurde die Altstadt im 12. Jahrhundert von einer Mauer umgeben. Sie war mit einem Graben ausgestattet, der bis zu 25 Meter breit war. Deshalb wird der innere Mauerring auch Grabenring genannt. Straßennamen, die auf Graben enden, erinnern an die alten Schutzanlagen. Die Altstadt mit ihren Sehenswürdigkeiten befindet sich innerhalb des inneren Rings. Im Nordwesten schließt sich das Pontviertel (s. S. 41), das Studentenviertel, an, das am **Ponttor** 18 endet. Als die Stadt sich ausdehnte, entstand um 1270 eine zweite Mauer, die mehr als doppelt so lang war und deren Verlauf noch erkennbar ist. Er entspricht dem heutigen Alleenring. Zu erkennen ist er an den Straßennamen, von denen einige auf Allee enden. Bis ins 19. Jahrhundert hat sich die Stadt nur innerhalb der Stadtmauern entwickelt. Erst dann dehnte sie sich über die ursprünglichen Grenzmauern aus. Von den elf Toren, die die zweite Stadtmauer besaß, sind noch zwei übrig: das **Ponttor** 18 im Norden und das **Marschiertor** 20 im Süden. Außerhalb des Alleenrings liegen jüngere Viertel oder Orte, die später eingemeindet wurden. Im Norden befindet sich der **Lousberg** 22. Diese mit 264 Metern höchste Erhebung der Stadt ist ein beliebtes Ausflugsziel. Von dort geht der Blick weiter Richtung Norden zum **Sportpark Soers** 23 mit dem Tivoli, dem Fußballstadion und der Soers, dem Reitstadion. Dem Lousberg gegenüber liegt der kleine Salvatorberg mit der Salvatorkirche. Der Stadtgarten mit dem Farwick-Park, Wingerts-Berg und Kurgarten schließt sich weiter östlich an. Südöstlich bzw. südlich liegen **Burtscheid** 28 und das Frankenberger Viertel, das früher zu Burtscheid gehörte. 1927 wurde Burtscheid, ursprünglich ein eigener Ort, mit sei-

< *Vorseite: Das Fischpüddelchen steht am Ort des alten Fischmarkts*

nen Kuranlagen eingemeindet. Beide Viertel sind heute beliebte Szeneviertel. Vor allem die vielen gut erhaltenen Jugendstilgebäude bzw. klassizistischen Bauwerke geben dem **Frankenberger Viertel** 27 sein ganz eigenes Flair. Burtscheid ist auch heute noch für seine Heilquellen bekannt. Es wirkt wie ein Mini-Kurort und verfügt über eine gute Infrastruktur – mit einem Markt, Geschäften, Cafés, dem Ferberpark (s. S. 54) und den beiden Kirchen auf dem Michaelsberg. Etwa 10 km von Aachen entfernt befindet sich im Südosten **Kornelimünster** 30. Der idyllische Ort ist Aachens malerischster Stadtteil. Er liegt an der Inde und befindet sich bereits in der Voreifel. Im Süden, knapp 4 km vom Zentrum entfernt, erstreckt sich der Aachener Wald mit einer Fläche von mehr als 2 Hektar. Richtung Westen führt der Weg in die Niederlande nach Vaals, zum **Dreiländerpunkt** 31. Die Niederlande liegen nur etwa 5 Kilometer von Aachen entfernt, Belgien etwa 8 Kilometer. Am Dreiländerpunkt treffen die drei Ländergrenzen aufeinander. Der Dreiländerpunkt ist in ein großes Natur- und Erholungsgebiet eingebettet, das sowohl von Deutschen als auch vielen Niederländern genutzt wird. Vaals selbst ist ein kleiner Ort. Hier trifft man auf niederländische Kultur, Cafés, Geschäfte. Auch nach Belgien ist es nur einen Katzensprung. Deutsche kehren gern in den belgischen Bistros ein oder besuchen Antiquitätenmärkte. Und umgekehrt fühlen sich Gäste aus Belgien in Deutschland wohl. Immer wieder hört man in Aachen, wenn man in der Altstadt unterwegs ist, ein munteres Stimmengewirr aus Deutsch, Niederländisch und Französisch.

Im Westen der Stadt befinden sich die Technische Hochschule Aachen (s. S. 43) und die Uniklinik. Letztere gehört zu den größten Krankenhäusern Europas. Seit 2008 steht das Gebäude unter Denkmalschutz, denn es ist weltweit das erste in Hightech-Architektur errichtete Krankenhaus. Alle Orte sind durch Busse des öffentlichen Nahverkehrs gut zu erreichen.

Aachen bewahrt das Erbe seiner Stadt als Reichsstadt. Bereits 1166 wurde es Freie Reichsstadt und erhielt das Markt- und Münzrecht. Durch die Privilegien wuchs die Stadt schnell an. Im 14. Jahrhundert ent-

*Schon von Weitem zu sehen: der Aachener Dom* 1

023aa Abb.: ©davis, stock.adobe.com

KURZ & KNAPP

### Aachen in Zahlen

- **Gegründet:** Im 1. Jh. n.Chr. legen die Römer die Siedlung Aquae Granni an, 765 wird Aachen zum ersten Mal schriftlich erwähnt.
- **Einwohner:** ca. 250.000
- **Bevölkerungsdichte:** 1554 Einwohner/$km^2$
- **Fläche:** 160,85 $km^2$
- **Höhe ü. M.:** 173 m
- **Stadtbezirke:** Aachen-Mitte, Eilendorf, Kornelimünster/Walheim, Richterich, Brand, Haaren, Laurensberg
- **Grenze zu den Niederlanden:** ca. 5 km entfernt
- **Grenze zu Belgien:** ca. 8 km entfernt

stand das Rathaus, das auf den Fundamenten der ehemaligen karolingischen Pfalz errichtet wurde. Auch heute noch finden die Versammlungen des Stadtrats in dem historischen Bau statt.

Aachen heißt eigentlich Bad Aachen, doch verzichtet die Stadt auf den Namenszusatz als Kurort, um weiterhin an erster Stelle im Städteverzeichnis zu stehen. Ohne die heißen Quellen, so könnte man sagen, gäbe es Aachen nicht. Quellen, Brunnen, Bäder sind in Aachen überall zu finden.

Aachen ist die westlichste Stadt Deutschlands, an der Grenze zu Belgien und den Niederlanden. Es ist eine Großstadt mit vielen Studierenden, z.T. aus aller Welt. Den Aachener zu charakterisieren ist deshalb nicht einfach. In jedem Fall ist er weltoffen und durch die vielen Studierenden herrscht eine junge, lebendige Atmosphäre. Die Stadt liegt zudem im Rheinland und die Rheinländer sind für ihre Fröhlichkeit und Herzlichkeit bekannt. Sie verstehen es zu leben, kommen gern mit anderen in Kontakt. Vor allem in Kneipen von Stehtisch zu Stehtisch ist das Gespräch schnell eröffnet. Der Aachener will wissen, wen er vor sich hat. Und dazu stellt er manchmal auch recht direkte Fragen. Wer zu Karneval (s.S. 93) anreist, der sollte sich nicht wundern, wenn er plötzlich ein *Bützje* bekommt, einen Wangenkuss. Er dient nicht der Anmache, sondern gehört zur karnevalistischen Tradition.

028aa Abb.: ©Igor Tarasov, stock.adobe.com

# Von den Anfängen bis zur Gegenwart

*Aachen war bereits unter den Römern ein Thermalbad und ist bis heute für seine Kuranlagen bekannt. 765 wird Aachen zum ersten Mal schriftlich erwähnt als „Aquis Villa". Unter Karl dem Großen wurde sie Residenz der Karolinger und Krönungsort vieler deutscher Könige.*

**1. Jahrhundert v. Chr.:** Kelten, die im Aachener Raum siedeln, werden von Julius Cäsar unterworfen.

**1. Jahrhundert n. Chr.:** Römer legen eine Siedlung an, die nach dem Wassergott Grannus *Aquae Granni* genannt wird. Die Römersiedlung wird zu einem Heilbad mit Thermalanlagen ausgebaut. Ebenso der nahe gelegene Ort Burtscheid.

**4. bis 5. Jahrhundert n. Chr.:** Die Römer verlieren die Vorherrschaft. Franken kommen in den Raum um Aachen.

**765:** Aachen wird zum ersten Mal schriftlich als *Aquis Villa* unter der Herrschaft von Frankenkönig Pippin dem Jüngeren erwähnt.

**789 bis 805:** Karl der Große (Sohn Pippins des Jüngeren) lässt die Pfalz und Pfalzkapelle bauen. Letztere stellt den Zentralbau des Aachener Doms dar, der 805 von Papst Leo III. geweiht wird.

**28. Januar 814:** Kaiser Karl der Große stirbt und wird in der Pfalzkapelle beerdigt.

**Ab 813:** Ludwig der Fromme, Sohn Karls des Großen, errichtet ca. 10 km von Aachen entfernt ein Kloster, auf das das heutige Kornelimünster zurückgeht.

**881:** Die Normannen erobern Aachen und zerstören die Kaiserpfalz.

**Ab 936:** Otto I. lässt sich 936 in Aachen zum deutschen König krönen. Aachen wird für knapp 600 Jahre der Krönungsort für insgesamt 31 Könige.

*Die Anfänge des Dombaus* 1 *liegen um das Jahr 800*

**1165–71:** Unter Einfluss von Kaiser Friedrich I. Barbarossa wird Karl der Große 1165 vom Gegenpapst Paschalis III. heiliggesprochen. Ein Jahr später erhebt Kaiser Barbarossa Aachen in den Stand einer Freien Reichsstadt mit Markt- und Münzrecht. 1171 beginnt der Bau der ersten Stadtmauer, der sogenannten Barbarossamauer.

**1248:** Wilhelm von Holland will sich in Aachen zum König krönen lassen. Als er auf Widerstand trifft, lässt er einen Damm errichten und die Bäche stauen: Die Stadt wird überschwemmt.

**1267:** Richard von Cornwall wird in Aachen gekrönt. Das erste Bürgerhaus, das Grashaus 15, entsteht.

**1278–1280:** Graf Wilhelm IV. von Jülich dringt mit mehreren Hundert bewaffneten Reitern in die Stadt ein. Es folgt ein erbitterter Kampf. Er, seine drei Söhne sowie weitere Reiter werden getötet. Aachen muss daraufhin Schadenersatz an die Witwe zahlen.

**1320:** Nach etwa 50 Jahren Bauzeit ist die zweite Stadtmauer fertig. Mit ca. 20.000 Einwohnern gehört Aachen zu den größten deutschen Städten.

**1330–1349:** Das neue Rathaus wird auf den Fundamenten der Pfalz Karls des Großen errichtet.

**1336:** Das Aachener Reich wird gegründet. Ludwig der Bayer garantiert in einer Urkunde der Reichsstadt Aachen den Besitz der Ländereien und Dörfer, die sie umgaben. Sie gehörten damit zu Aachen.

**1349:** Zum ersten Mal findet die Heiligtumsfahrt statt, die Reliquien werden gezeigt. Von nun an alle sieben Jahre.

**1355:** Mit der Erweiterung der Pfalzkapelle wird begonnen.

**Ab 1450:** Der Aachener Gaffelbrief gibt den Gewerbetreibenden der Stadt Mitbestimmung in der Aachener Verwaltung.

# Der Große Brand von 1656

Wer durch die Altstadt von Aachen geht, wundert sich, dass kaum Fachwerkhäuser erhalten sind. 1656 kam es zu dem mit Abstand schwerstem Brand der Stadtgeschichte, bei dem fast alle alten Holzhäuser zerstört wurden.

Am 2. Mai 1656 brach im Haus des Bäckers Johann Mou in der **Jakobstraße** aus bis heute ungeklärten Gründen ein Feuer aus. Das Haus in der Nähe von St. Jakob 21 befand sich in einem hoch gelegenen Teil der Altstadt. Durch den starken Wind begünstigt, sprangen die Flammen daher schnell auf die umliegenden Häuser. Schnell standen die Gebäude auf beiden Seiten der Straße in Flammen und bald brannten ganze Straßenzüge (am Templergraben und in der Pontstraße). Zuerst wurde der südliche Teil der Stadt vernichtet, und als der Wind drehte, auch der Norden. Innerhalb von nur 24 Stunden war fast die gesamte Stadt zerstört.

Begünstigt wurde das schnelle Ausbreiten des Feuers durch die damalige Bauweise der vielen **Fachwerkhäuser.** Sie bestanden aus einem hölzernen Skelettbau dessen Zwischenräume mit Mauerwerk oder einem mit Lehm verputztem Holzgeflecht ausgefüllt waren. Als Dächer dienten Stroh- oder Holzschindeln. Auch die schleppenden Löscharbeiten trugen zu dem verheerenden Ausmaß des Brandes bei. Siebzehn Menschen starben durch das Feuer. Viele wurden verletzt. Etwa **4650 Häuser** (so der Rat der Stadt in einem Brief an den Kaiser) sollen zerstört worden sein. Nur 450 Häuser, also weniger als zehn Prozent, blieben verschont. Auch das Rathaus brannte ab und nur ein kleiner Teil der Akten aus einem unterirdischen Gang unter dem Granusturm blieb erhalten. Zerstört wurden fast alle, d. h. ca. 20 Kirchen wie z. B. St. Foillan 14, sowie mehrere Klöster und Spitäler. Zum Glück blieb der aus Stein gebaute Dom so gut wie unversehrt.

Nach dem Brand waren 90 Prozent der Einwohner obdachlos. Aufgrund der starken Nahrungsmittelknappheit lieferten u. a. Maastricht und Lüttich Lebensmittel wie Brot und Käse und Köln schickte Roggen. Hilfe kam auch vom Papst und vom Kaiser. Der Stadtrat stellte kostenlos Holz aus den städtischen Wäldern für den Wiederaufbau bereit.

Keine einzige große Reichsstadt war in der frühen Neuzeit durch einen Großbrand so stark zerstört worden. Durch den Großen Stadtbrand von 1656 wurden fast alle alten Holzhäuser vernichtet. Eines der wenigen erhaltenen ist der Postwagen (s. S. 28) am Markt 5.

059aa Abb.: ck

*Der Postwagen (s. S. 28) ist eines der wenigen Holzhäuser, die bei dem Großen Brand nicht zerstört wurden*

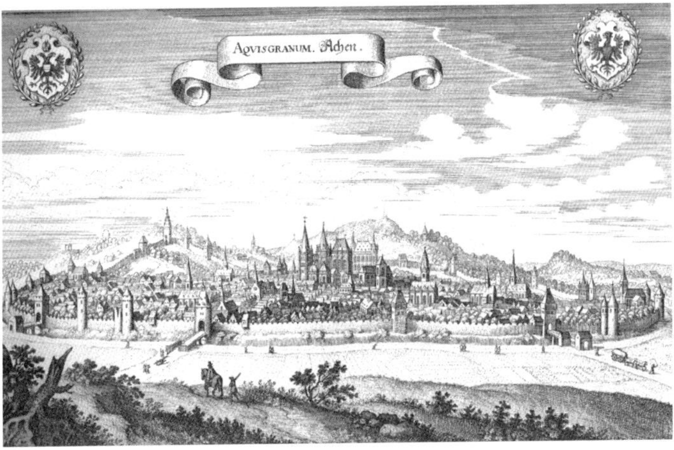


**1531:** Mit Ferdinand I. wird der letzte König in Aachen gekrönt. Die Niederlande trennen sich vom Deutschen Reich ab. Aachen liegt dadurch nicht mehr im Zentrum des Deutschen Reichs. Neuer Krönungsort wird Frankfurt.

**1560–1620:** Die Zahl der Protestanten sowie Kämpfe und Auseinandersetzungen zwischen Katholiken und Protestanten nehmen zu. Schließlich werden die Protestanten verbannt, was die Wirtschaft schwächt.

**1635–1650er:** Nach dem Prager Frieden 1635, der die Einheit der Reichsstände wiederherstellt und so das Reich stärkt, greift Frankreich in den Dreißigjährigen Krieg ein. Aachen wird zum Schauplatz von Kriegshandlungen, worunter die Stadt, auch wirtschaftlich, leidet. Die historische Blütezeit Aachens ist vorbei.

**1656:** Stadtbrand von Aachen (s. Exkurs S. 100): Vom mittelalterlichen Aachen mit seinen gotischen Gebäuden bleibt fast nichts übrig. Bei dem darauffolgenden Wiederaufbau entwickelt sich die Stadt zu einem der modernsten Kurbäder Europas. Bei den Aachenern kursiert der Satz: „Was das Feuer zerstört hat, baut das Wasser wieder auf."

**1668:** Erster Aachener Friede

**1748:** Zweiter Aachener Friede und Ende des Österreichischen Erbfolgekriegs

**1792–1814:** Aachen steht unter französischer Herrschaft, wird ab 1797, nach dem Frieden von Campo Formio, französische Präfektur und damit Hauptstadt des Roer-Départements. 1802 bekommt es einen eigenen Bischofssitz.

**1815:** Nach dem Wiener Kongress wird Aachen in das Königreich Preußen eingegliedert.

**1841:** Die Eisenbahnstrecke Köln–Aachen wird eröffnet.

**1870:** Die Königlich Rheinisch-Westfälische Polytechnische Schule, heute RWTH Aachen (s. S. 43), nimmt ihren Lehrbetrieb auf.

**19. Jh.:** Die Stadt wächst über die zweite Stadtmauer hinaus.

**1897:** Burtscheid wird eingemeindet, Forst 1906.

**1900:** Aachen hat ca. 150.000 Einwohner.

**1918:** Die Stadt wird von belgischen und französischen Truppen besetzt. Die Fran-

*Historische Ansicht der Freien Reichsstadt Aachen*

zosen ziehen 1920 wieder ab. Die Belgier bleiben bis 1929.

**1924:** Zum ersten Mal findet das Reit- und Fahrturnier in der Soers statt. 1927 folgte das erste Internationale Turnier, 1929 der erste Nationenpreis und damit der offizielle Beginn des CHIO (Concours Hippique International Officiel, s. S. 11). Zwischen 1940 und 1946 wird das Tunier nicht veranstaltet.

**1930:** Das 1825 aufgelöste Bistum Aachen wird wieder errichtet und dem Erzbistum Köln unterstellt.

**1939–1945:** Aachen wird im Zweiten Weltkrieg zu 65 % zerstört, 1944 zwangsevakuiert und am 21. Oktober 1944 als erste deutsche Stadt von den Alliierten erobert bzw. befreit. Nur noch 11.139 Menschen leben in der Stadt.

**1946:** Aachen wird Teil des neu gegründeten Landes Nordrhein-Westfalen.

**1950:** Erste Verleihung des Internationalen Karlspreises (s. S. 10) für die Verdienste um Einigung und Frieden in Europa. Im gleichen Jahr wird erstmals der Orden wider den tierischen Ernst (s. S. 11) verliehen.

**1972:** Eingemeindung von Brand, Eilendorf, Haaren, Kornelimünster, Laurensberg, Richterich und Walheim. Aachen hat jetzt ca. 237.000 Einwohner.

**1985:** Das neue Aachener Klinikum wird nach über zehn Jahren Bauzeit fertiggestellt und an die RWTH Aachen (s. S. 43) übergeben.

**1987:** Der Aachener Friedenspreis entsteht, als Henry Kissinger 1987 den Karlspreis (s. S. 10) erhält und viele dagegen protestieren.

**1995:** Die neue Synagoge wird eröffnet.

**2001:** Die Carolus-Thermen Bad Aachen (s. S. 121) eröffnen. Eines der modernsten Thermalbäder Europas.

**2008:** Der Europäische Karlsjugendpreis wird zum ersten Mal vergeben.

**2009:** Aachen erhält von der Bundesregierung den Titel „Ort der Vielfalt“.

**2014:** Feierlichkeiten zum 1200. Todestag Karls des Großen. Die Route Charlemagne (s. S. 109) wird eröffnet. Die Heiligtumsfahrt findet statt. Aachen nimmt an dem Projekt „Kunst im öffentlichen Raum in NRW“ (s. S. 65) teil.

**2015:** Die Uniklinik der RWTH Aachen feiert ihr 30-jähriges Bestehen.

**2018:** Die Aachener Kunstroute findet zum 20. Mal statt.

**2019:** Verleihung des Euregio-Preises im Rahmen der CHIO

**2020:** Das historische Treffen Albrecht Dürers und Karls V. vor 500 Jahren in Aachen wird mit drei Ausstellungen im Suermondt-Ludwig-Museum (s. S. 63), im Centre Charlemagne (s. S. 110) und im Ludwig Forum für Internationale Kunst 26 gefeiert.

**2023:** Im Juni findet nach pandemiebedingter längerer Pause wieder die Heiligtumsfahrt statt.

# Leben in der Stadt

*Durch seine enge Nachbarschaft mit Belgien und den Niederlanden ist Aachen die westlichste Stadt Deutschlands und stark durch seine Lage geprägt. Die Stadt ist für Neues offen und engagiert sich seit Jahrzehnten aktiv für die europäische Einheit. Bereits Karl der Große legte großen Wert auf Bildung und rief die angesehensten Gelehrten in die Stadt. Die Technische Hochschule in Aachen setzt diese Tradition fort. Offenheit, Lebensqualität und Bildung spielen bei den etwa 250.000 Aachenern, mehr als ein Fünftel von ihnen sind Studierende, eine große Rolle.*

Aachen liegt im Bundesland Nordrhein-Westfalen und im Grenzgebiet zu den Niederlanden und Belgien, also im Dreiländereck, das sich Euregio Maas-Rhein nennt. Zur **Euregio**

**Maas-Rhein** gehören fünf Partnerregionen: die Region Aachen, ein Teil der niederländischen Provinz Limburg sowie die beiden belgischen Provinzen Limburg und Lüttich als auch die deutschsprachige Gemeinschaft in Belgien. Aachen ist damit zusammen mit den niederländischen Städten Maastricht und Heerlen sowie den belgischen Städten Lüttich und Hasselt ein wichtiges Zentrum in dieser grenzüberschreitenden Region. Die Euregio Maas-Rhein ist 1974 entstanden und umfasst eine Fläche von ca. 11.000 $km^2$, in der über 3,7 Mio. Menschen leben. Die Lage bietet vor allem Unternehmen viele Vorteile. Zwei Drittel der Gewerbegebiete sind von allen drei Ländern aus gut zu erreichen. Zwei **Forschungsparks** wurden eingerichtet sowie zwei Gewerbe- und Innovationsparks. Hier wird grenzübergreifend gearbeitet und geforscht. Mehr als 100.000 Studierende besuchen die fünf Universitäten in Aachen, Lüttich, Maastricht, Diepenbeek und Heerlen. Die Forschungszentren und Universitätskliniken arbeiten eng zusammen und ergänzen sich. Die westlichste deutsche Großstadt profitiert von ihrer Lage.

## Aachen ist eine europäische Stadt

Aachen ist eine lebendige europäische Stadt mit hoher Lebensqualität – offen für andere Kulturen und Neues. Mit verschiedenen Ländern hält sie freundschaftliche Verbindungen. Partnerstädte sind z. B. Reims in Frankreich, Ningbo in China, Arlington/Virginia in den USA, Kostroma in Russland und Sariyer in der Türkei. **Kornelimünster** 30 ist zudem Partnerstadt von Montebourg in Frankreich. Eine besondere Verbindung, nämlich eine Agenda21-Partnerschaft, besteht zu Kapstadt. Hierbei wirken Politik und Verwaltung, Nichtregierungsorganisationen und Unternehmen gleichberechtigt zusammen und tauschen sich zu Themen der Agenda 21 aus und initiieren Projekte.

Die Stadt setzt sich stark für die europäische Integration ein und vergibt seit 1950 jedes Jahr den **Karlspreis** (s. S. 10) an Menschen bzw. Institutionen, die sich um die europäische Einheit verdient gemacht haben. Preisträger waren u. a. Konrad Adenauer, Winston Churchill, Walter Scheel, König Juan Carlos I. von Spanien, das Volk von Luxemburg, François Mitterrand und Helmut Kohl sowie Vaclav Havel und Beatrix, die frühere Königin der Niederlande. Seit 2009 gehört Aachen als kreisfreie Stadt zur Städteregion Aachen. Von den rund 250.000 Aachenern haben etwa 15 Prozent einen ausländischen Pass bzw. weisen einen Migrationshintergrund auf.

## Wohnen in Aachen

In der Innenstadt liegt das historische Zentrum von Aachen. Nordwestlich davon das **Pontviertel** (s. S. 41), das Studentenviertel, in dem sich sowohl Studentengebäude, Appartements als auch eine auf Studierende ausgerichtete Infrastruktur mit seinen Cafés, Kneipen, Kinos und Restaurants, Kleinkunst- und Szenetreffs befindet – alles zu Preisen, die auch für Studierende erschwinglich sind. Das Viertel um den **Lousberg** 22 lockt mit einer schönen Landschaft, viel Grün und dem ersten Bürgerpark auf einem Berg. In den Villen aus der Gründerzeit wohnen eher gut betuchte Bürger und Professoren. Von hier ist es nicht weit zum Tivoli, der Hei-

058aa Abb.: hg

mat des Fußballvereins Alemannia Aachen (s. S. 48), und der Soers, in der das jährliche Weltfest des Pferdesports CHIO (s. S. 11) stattfindet. Im Aachener Osten ist Multikulti angesagt. Hier befinden sich Dönerbuden neben einfachen Öcher-Kneipen. Das **Frankenberger Viertel** 27 ist für seine schönen Altbauten bekannt. Manche vergleichen es mit dem Prenzlauer Berg in Berlin. Zwischen renovierten Altbauwohnungen befinden sich Cafés, Bars, Restaurants, ein Park, Galerien und natürlich die zu einem Kulturzentrum umgebaute **Frankenburg**. Dafür nimmt man hier auch höhere Mieten in Kauf. Auch **Burtscheid** 28 ist bei Familien mit Kindern beliebt. Das Stadtviertel wirkt wie eine kleine Stadt in der größeren Stadt Aachen. Kein Wunder, denn Burtscheid war ursprünglich ein eigener Kurort, bevor es eingegliedert wurde. Auch heute noch bietet es Kliniken zum Kuren und einen Kurgarten, Konzerte und Veranstaltungen sowie eine gute Infrastruktur mit Markt, vielen Geschäften, Restaurants, Cafés, den Ferberpark und eine optimale Anbindung an die Innenstadt Aachens. Im Süden liegen die gehobeneren Wohngebiete. Hier gibt es außergewöhnliche Wohnungen und vor allem viel Grün, denn der Aachener Wald ist nicht weit entfernt. Die Straße nach Westen führt nach Vaals in die Niederlande. Der Nordwesten ist der Einzugsbereich der Technischen Hochschule.

## Aachen ist Universitätsstadt

Seit Karl dem Großen ist Aachen eine Stadt der Wissenschaft und der Bildung. Er förderte **Klosterschulen** und berief die renommiertesten Gelehrten aus Italien, Spanien und Britannien an seinen Hof. Er startete eine große Bildungsreform. Obwohl Karl der Große selbst nicht lesen und schreiben konnte, förderte er das Lesen und sorgte dafür, dass seine Kinder – Jungen wie Mädchen – schreiben und lesen lernten. Bildung bzw. Ausbildung hat deshalb in Aachen bereits eine lange Tradition. Heute ist Aachen eine lebendige Universitätsstadt, deren Studierende das Leben in Aachen entscheidend prägen. Die mehr als 50.000 Studierenden stellen etwa 20 Prozent der Bevölkerung Aachens. Mit der Rheinisch-Westfälischen Technischen Hochschule (RWTH, s. S. 43), die seit 2007 über den Status einer Exzellenz-Universität verfügt, befindet sich eine der größten technischen Hochschulen Europas in Aachen. Ca. 47.000 betrug die Anzahl der Studierenden im Wintersemester 2020/21, ca. 14.000 von ihnen waren internationale Studierende aus 138 Ländern. Die Uni ist der **größte Arbeitgeber der Region** und die Uniklinik zählt zu den größten Krankenhäusern Europas. Weitere Hochschulen sind die Fachhochschule Aachen mit mehr als 8000 sowie die Katholische Fachhochschule NRW mit ca. 900 Studierenden.

Durch die vielen Studierenden ist die Stadt jung geblieben. Es gibt eine rege kulturelle Szene. Das Pontviertel ist durch zahlreiche Cafés, Kneipen und Clubs geprägt. Viele Kneipen, deren Preise sich nach dem Geldbeutel der Studierenden richten, bieten Öffnungszeiten bis *open end* an. Durch die vielen ausländischen Studierenden bekommt die Stadt ein internationales Flair.

*◁ Die Uniklinik der Technischen Hochschule Aachen (s. S. 43) wurde aufgrund ihrer besonderen Hightech-Architektur 2008 unter Denkmalschutz gestellt*

Die Universitätsklinik der RWTH arbeitet in der Euregio Maas-Rhein mit den angrenzenden Ländern Belgien und den Niederlanden zusammen. Es gibt grenzüberschreitende Forschungszentren, zwei Forschungsparks, die eng zusammenarbeiten. Derzeit laufen bereits die ersten Bauarbeiten für eine großzügige Erweiterung der Uniklinik. Auf 16.500 Quadratmetern entsteht u. a. ein zentraler OP-Bereich mit 31 Operationssälen.

## Öcher-Mentalität

Der Aachener gilt als weltoffen und herzlich. Er ist neugierig, auch wenn er sein vertrautes Leben liebt. So ist es nicht schwer, in einer der zahlreichen Kneipen mit ihm ins Gespräch zu kommen. Denn die Aachener wissen gern, mit wem sie es zu tun haben.

Da Aachen die westlichste Stadt Deutschlands ist und das Gebiet um Aachen an andere Länder stößt, ist der Aachener gegenüber Menschen anderer Nationalität grundsätzlich aufgeschlossen. Die Uniklinik ist so gelegen, dass sie im Einzugsbereich Aachen und Maastricht liegt. Auch im Kulinarischen sind die Einflüsse der benachbarten Länder festzustellen. Zwar ist die **Öcher Küche** (s. S. 67) eher deftig und bodenständig, doch integriert sie auch Reisfladen, Croissants und Schokolade aus Belgien sowie Fritten aus den Niederlanden. Da der Aachener das Leben zu genießen weiß, ist alles, was das Leben lebenswert macht, in Aachen willkommen.

**Öcher Platt** ist die Regionalsprache, die in Aachen traditionell gepflegt wird. Doch nur noch wenige können die Mundart wirklich sprechen. Zum Erhalt der Sprache hat sich daher extra ein Verein gegründet.

### Aachen ist Bischofssitz

Durch Napoleon wurde die Stadt erstmalig Bischofssitz, 1930 endgültig. Unter den Aachenern sind 160.000 Christen. Deren überwiegende Mehrheit ist katholisch (ca. 125.000), der Rest ist evangelisch. Circa 20.000 Personen sind Muslime, die jüdische Gemeinde umfasst ca. 1500 Mitglieder. Eine kleine Minderheit ist dem Buddhismus, Hinduismus sowie den Bahai zuzurechnen.

*Das Original der Karlsfigur steht im Krönungssaal des Rathauses* ❹

026aa Abb.: hg

## Das Erbe Karls des Großen: Route Charlemagne und Heiligtumsfahrt

*Die Geschichte Aachens ist eng mit Karl dem Großen verbunden. Hier lag das Zentrum seines Reichs und seiner Macht und hier ließ er um das Jahr 800 die Pfalzkapelle errichten, die den Mittelpunkt des Aachener Doms* ❶ *bildet. Die Gebeine des Kaisers ruhen in einem Schrein im Dom, in dem noch weitere Reliquien aufbewahrt werden, die seit vielen Jahrhunderten Ziel von Pilgerfahrten sind. Alle sieben Jahre findet deshalb die Heiligtumsfahrt statt, bei der die Reliquien gezeigt werden. Karls Vermächtnis ist in Aachen sehr präsent. Zu seinem 1200. Todestag im Jahr 2014 wurde deshalb die Route Charlemagne eröffnet, die wichtige Stationen in der Stadt miteinander verbindet und zeigt, welche Bedeutung Karl der Große für die Stadt hat.*

### Centre Charlemagne: Stadtmuseum in Aachen

Karl der Große starb am 28. Januar 814 und wurde noch am gleichen Tag in Aachen beerdigt. Bereits zu seinen Lebzeiten wurde Karl der Große als *Pater Europae* bezeichnet und hat heute den Beinamen des „ersten Europäers“. Nach ihm ist der **Karlspreis** benannt, der jedes Jahr Bürger bzw. Institutionen auszeichnet, die sich für ein vereintes Europa engagieren. Das Vermächtnis Karls des Großen ist überall in Aachen zu spüren.

2014 wurde neben der Route Charlemagne auch Aachens Stadtmuseum, das **Centre Charlemagne**,

eröffnet. Es ist die zentrale Anlaufstelle für die Route Charlemagne. Um den europäischen Charakter zu betonen, wählte man für die Route den englischen bzw. französischen Namen für Karl den Großen. Schon die Lage des Centre Charlemagne verweist auf seine Bedeutung: Es befindet sich am Katschhof, dem Platz, der die Pfalzkapelle mit dem Rathaus schon zu Zeiten Karls verband und bis heute verbindet. Das Centre Charlemagne möchte in einer Dauerausstellung, wechselnden Ausstellungen und einem Geschichtslabor die Geschichte Aachens und die Bedeutung Karls des Großen für die Stadt erlebbar machen. Mehr als 20 interaktive Medienstationen helfen dabei. Die Dauerausstellung gibt einen Überblick über die Geschichte Aachens, angefangen von der Jungsteinzeit bis in die Gegenwart. Sie vermittelt Wissenswertes über die Pfalz Karls des Großen und die Marienkirche. Das Museum macht deutlich, wie bedeutend Aachen als Krönungsstadt war, wie es zur Bäderstadt wurde und wie sich die Stadt in bzw. nach den großen Kriegen des 20. Jahrhunderts entwickelt hat.

## Heiligtumsfahrt

Eine weitere Station der Route Charlemagne ist der Dom 1. Hier findet alle sieben Jahre die Heiligtumsfahrt statt. Pilger aus aller Welt kommen dazu in den Dom sowie in das etwas außerhalb stehende Kornelimünster 30, um die **Reliquien** (s. S. 108) zu sehen. Schon zu Zeiten Karls des Großen pilgerten Gläubige nach Aachen. Doch vermutlich wird erst seit 1239 die Wallfahrt nach Aachen als Heiligtumsfahrt bezeichnet. Seit 1349 werden die Reliquien in Folge einer verheerenden Pestepidemie alle sieben Jahre gezeigt. Die Zahl Sieben hat einen hohen Symbol-

*Der Thron auf der Empore des Aachener Doms* 1

# Die Reliquien der Aachener Heiligtumsfahrt

Pilger kommen aus der ganzen Welt, um die Heiligtümer im **Dom** 1 zu sehen. Über die gesamte Zeit der Heiligtumsfahrt werden die Reliquien in Vitrinen im Dom gezeigt.

**Das Marienkleid:** Die antike häusliche Webarbeit wurde vermutlich als Unterkleid genutzt, worauf die frühere gebräuchliche Bezeichnung „Camisia" für das Hemd hinweist. Das Marienkleid besteht nur aus naturfarbenem Leinen und ist durch die Längs- und Querstreifen quadratisch gemustert. In einem Teil gewebt, hat es keine Nähte, aber eine fein gestickte Halsborte. Im Mittelalter kursierte die Legende, Karl der Große habe mehrere Reliquien aus Konstantinopel als Dank für einen großen, erfolgreichen Kriegszug zur Befreiung Jerusalems erhalten. Davon berichtet im 11. Jahrhundert eine Beschreibung aus dem Pariser Kloster Saint-Denis. Karl der Große war jedoch nie in der „Heiligen Stadt", schon gar nicht auf einem Kriegszug. Allerdings hatte er einige Reliquien, darunter auch das Marienkleid, als Dank für seinen diplomatischen Einsatz zum Wohle der Christen in Jerusalem erhalten. Als einziges der vier Heiligtümer wird diese Reliquie bei der Heiligtumsfahrt entfaltet.

**Die Windel Jesu:** Hierbei handelt es sich um einen dicht gewalkten, fast filzigen Stoff, der bei der Heiligtumsfahrt gefaltet ist. Entfaltet hat er eine Trapezform mit einer Art halbrunden Halsausschnitt an der Oberkante. In Aachen herrscht dazu seit Langem die Überzeugung, dass diese Windel aus der Fußbekleidung des hl. Joseph, also der „Botzen des hl. Joseph", an drei Seiten zu einem geschlossenen Muff zusammengenäht wurden. Auch die Windel Jesu wird in der Beschreibung von Saint-Denis als Reliquie erwähnt.

**Das Tuch der Enthauptung des hl. Johannes des Täufers:** In diesem Tuch soll nach dessen Enthauptung der Kopf von Johannes dem Täufer geborgen worden sein. Es handelt es sich um ein längliches Viereck aus fein gewebtem Damast-Stoff. Größe und Form lassen einen wohlhabenden Eigentümer vermuten, große Flecken auf dem Tuch verweisen auf Blutspuren.

**Das Lendentuch Christi:** Das grob gewebte, graue Stück Stoff war ursprünglich Teil eines größeren Gewandes, eventuell einer Tunika. Um das Tuch nicht stärker zu belasten, wird es bei der Heiligtumsfahrt nicht vollständig entfaltet. In der biblischen Leidensgeschichte wird zwar kein Leidenstuch erwähnt, es war aber üblich, dem Verurteilten sein Lendentuch zu lassen.

In **Kornelimünster** 30 befinden sich drei weitere Reliquien, die bei der Heiligtumsfahrt präsentiert werden:

**Das Schürztuch Jesu:** Hierbei soll es sich um eine Schürze handeln, die Jesu getragen haben soll, als er den Jüngern beim letzten Abendmahl die Füße wusch. Genau wie die beiden anderen Reliquien aus Kornelimünster stammt das Tuch aus dem Reliquienschatz der Pfalzkapelle in Aachen. Nach wissenschaftlichen Untersuchungen wurde die Textilie zu antiker Zeit im Vorderen Orient hergestellt. Das Tuch hat eine Länge von 2,30 Metern, die Breite an den beiden Enden beträgt 1,28 bzw. 0,95 Meter. Vermutlich wurde es zum Umgürten genutzt. Der Stoff ist ein einfaches Kreuzgewebe aus starken Leinenfäden.

Abb.: Bistum Aachen

Bei der Heiligtumsfahrt bleibt die *Windel Jesu mit einem Seidenband zusammengebunden und wird nicht entfaltet*

gehalt. Sie steht für Fülle, Ganzheit, Vollkommenheit. Man denke an die sieben Schöpfungstage, das siebente jüdische „Jubeljahr" usw.

Zur Heiligtumsfahrt kommen etwa 100.000 Menschen. Sie versammeln sich täglich zur gemeinsamen Messe um 11 Uhr auf dem Katschhof. Hier werden auch die Heiligtümer gezeigt. Daneben findet ein umfangreiches Kulturprogramm mit Vorträgen, Lesungen, Diskussionsrunden an verschiedenen Orten in der Stadt statt.

› Infos unter www.pilgern-im-bistum-aachen.de. Die Pilgermesse ist täglich um 11 Uhr auf dem Katschhof. Eigentlich wäre 2021 die nächste Heiligtumsfahrt gewesen, wegen der Coronapandemie wurde sie jedoch verschoben und findet erst 2023 wieder statt.

## Route Charlemagne

Die **Route Charlemagne** verbindet innerhalb von Aachen wichtige Orte miteinander. Stationen sind der **Dom** 1, das **Rathaus** 4, das **Couven-Museum** 6, das **Internationale Zeitungsmuseum** 16, der **Elisenbrunnen** 12, das **Grashaus** 15 und das Gebäude **SuperC** 17 der Technischen Hochschule (RWTH, s. S. 43).

Das **Rathaus** 4 steht für die Entwicklung bürgerlichen Selbstbewusstseins, Demokratie und europäische Integration. Seit 1950 wird hier, am Sitz des Oberbürgermeisters und wo der Rat der Stadt tagt, der Karlspreis

**Das Grabtuch Jesu:** Das kunstvoll gewebte Leinentuch ähnelt einer Zierdecke (Länge: 1,80 m, Breite 1,05 m). Ursprünglich war das Tuch doppelt so groß. Die andere Hälfte ging an Karl den Kahlen (823–877) für dessen Klostergründung in Compiègne.

**Das Schweißtuch Jesu:** Dieses Tuch soll den Kopf des Leichnams Jesu im Grab bedeckt haben. Es handelt sich um ein sogenanntes Byssusgewebe aus sehr feinen Seidenfäden. In der Antike zählte dieses Gewebe zu den kostbarsten Stoffen. Die Reliquie ist 4 x 6 Meter groß und wird 16 Mal gefaltet. Darüber ist ein sogenannter Gazestoff gespannt. Nach jüdischer Tradition war es üblich, den Kopf eines Toten mit einem kostbaren Stoff zu bedecken.

(s. S. 10) verliehen. Die Pfalz wurde von Karl dem Großen errichtet. Er ließ die Marienkirche, den Zentralbau des **Doms** ❶, errichten. In der Marienkirche steht der Thron Karls des Großen, in der er im Jahr 800 zum Kaiser gekrönt wurde und mehr als 30 deutsche Könige folgten. Das **Grashaus** ⓯ ist 1267 entstanden und war das erste Rathaus der Stadt. Als ca. 100 Jahre danach (um 1350) das neue, heutige Rathaus errichtet wurde, diente es als Gericht und Kerker, später als Stadtarchiv. Nach einer Renovierungsphase ist es heute ein *Europäisches Klassenzimmer,* in dem Kinder und Jugendliche sich mit Europa und seiner Geschichte auseinandersetzen können.

Die **Technische Universität** Aachen (RWTH, s. S. 43) ist eine der renommiertesten Forschungsstätten Europas. Bereits Karl der Große, der ein großer Reformer war, lud hochangesehene Gelehrte aus Europa an die von ihm gegründete Hofschule ein und normierte Maß- und Gewichtseinheiten in seinem Reich. Zudem schuf er eine einheitliche, leicht lesbare Schrift. Sie war Voraussetzung, um sich miteinander auszutauschen und Wissen weiterzugeben. Damit war der Grundstein für Aachen als Stadt des Wissens gelegt. Die Station ist im Gebäude des **SuperC** ⓱.

Das **Internationale Zeitungsmuseum** ⓰ thematisiert als Station der Route Charlemagne die karolingische Minuskelschrift. Denn nur mit einer einheitlichen und leicht lesbaren Schrift konnten sich Bücher und Briefe tatsächlich als Medien etablieren und Nachrichten sowie Wissen in allen Teilen des Reiches verbreiten. Das Zeitungsmuseum vermittelt einen Überblick über die Geschichte der Medien bis in die heutige Zeit und verfügt über ein umfangreiches Zeitungsarchiv.

Das **Couven-Museum** thematisiert den wirtschaftlichen Aspekt. Es war Wohnhaus und Apotheke. Hier wurde die erste Schokolade verkauft. Das Museum zeigt den Aufstieg des Bürgertums anhand ihrer Wohnkultur. Der **Elisenbrunnen** ⓬ symbolisiert Aachen als Stadt der Quellen und damit den Ursprung Aachens. Über viele Jahrhunderte hinweg zogen die Quellen die Prominenz Europas nach Aachen. Die Archäologische Vitrine im neu gestalteten Elisengarten dokumentiert die Geschichte der Stadt anhand der Ausgrabungen, die dort zu sehen sind. Entlang der Routen finden auch verschiedene künstlerische Aktivitäten statt unter dem Thema „across the borders". Das internationale Festival nutzt die Stationen quasi als Bühne.

•**138** [D4] **Centre Charlemagne,** Neues Stadtmuseum Aachen, Katschhof 1, Tel. 4324956, www.centre-charlemagne.eu, geöffnet: Di.–So. 10–18, bei besonderen Wechselausstellungen Do. bis 20 Uhr. Eintritt 6 €, ermäßigt 3 €, bis 21 Jahre frei, bei herausragenden Wechselausstellungen bis zu max. 15 €, Eintritt auch mit der Museumscard „Six for Six" (s. S. 28). Das Centre Charlemagne befindet sich auf dem Katschhof. Hier gibt es Informationen zu den einzelnen Stationen der Route Charlemagne. Auch eine Dauerausstellung, ein Raum für Wechselausstellungen und ein Geschichtslabor sind angeschlossen. Das Museum präsentiert Informationen zu Karl dem Großen und Aachen, u. a. an ca. 20 Medienstationen. Für Kinder gibt es spezielle Kinderstationen. Ein Museumsshop und das Café „Karls" sind angeschlossen. Informationen zur Route Charlemagne unter: www.route-charlemagne.eu.

# PRAKTISCHE REISETIPPS

049aa Abb.: ©Maksym Gorpenyuk, stock.adobe.com

# An- und Rückreise

## Mit dem Flugzeug

Aachen ist mit dem Flugzeug über den ca. 35 km entfernten Flughafen Maastricht-Aachen (MAA) zu erreichen, der in den Niederlanden liegt. 1944 diente er als alliierter Luftwaffenstützpunkt „Airfield Yankee 44", heute ist er das Drehkreuz in der Euregio. Seit 1994 trägt er den Namen **Maastricht-Aachen Airport.** Mit dem öffentlichen Nahverkehr gibt es lediglich eine indirekte Verbindung über den Hauptbahnhof Maastricht. Werktags fahren die Busse alle 30 Min. und von Maastricht Hbf. alle 15 Min., am Wochenende jedoch seltener. Bei der Anfahrt oder Rückreise am Wochenende ist es daher sinnvoll, sich die Buspläne der Verkehrsgesellschaft Veolia auszudrucken.

› www.maa.nl, Tel. 0031 (0) 433589898

› Indirekte Busverbindung Airport – Maastricht Hbf. – Aachen Hbf.: Man fährt mit Bus Nr. 30 von Maastricht Flughafen zum Hauptbahnhof in Maastricht, Tickets gibt es im Bus (ca. 30 Min. Bus: 3,80 €). Vom Maastrichter Hbf. in Bus Nr. 350 der Arriva-Buslinie umsteigen, die zum Aachener Hbf. fährt (ca. 70 Min., einfach 8 €). Infos zum Bus Nr. 350 gibt es unter www.avv.nl.

◁ *Vorseite: In der Altstadt (s. S. 18) kann man alle Sehenswürdigkeiten gut zu Fuß erkunden*

Weiter entfernt gelegene Flughäfen, mit weiterer Anreise per Bahn, sind:

› **Flughafen Lüttich** (60 km entfernt), www.liegeairport.com

› **Flughafen Köln/Bonn** (85 km entfernt), www.koeln-bonn-airport.de

› **Flughafen Düsseldorf** (90 km entfernt), www.dus.com

## Mit dem Auto

Aachen ist von einem dichten Verkehrsnetz umgeben. Die Autobahn A4 führt von Olpe über Köln nach Aachen. Auf der E44 bzw. A46 ist es von Düsseldorf aus über Neuss zu erreichen.

## Mit dem Zug

ICE-Verbindungen bestehen von Köln, Düsseldorf, Dortmund, Siegen, Frankfurt/Main, Hamm und Berlin.

› www.bahn.de, Tel. 0800 1507090 (gebührenfrei)

ⓘ139 [F7] **Reisezentrum der DB AG,** Hauptbahnhof Aachen, Verkehrszentrale (keine Preisauskunft), Service-Nummer der Bahn: 01806996633 (gebührenpflichtig), www.bahn.de, geöffnet: Mo.–Fr. 6–21, Sa. 7–20, So./feiertags 8–20 Uhr. Infos zu An- und Abreise nach/von Aachen sowie Tickets

Der Hochgeschwindigkeitszug **THALYS** verkehrt mehrmals täglich über Dortmund, Düsseldorf, Köln nach Aachen. Infos und Tickets nur bei THALYS direkt (nicht bei der Deutschen Bahn):

› www.thalys.com

## Mit dem Fernbus

Aachen erreicht man per Fernbus, z. B. mit dem Flixbus von verschiedenen Städten aus.

› www.flixbus.de

# Autofahren

Die Altstadt von Aachen besteht überwiegend aus Fußgängerzonen, viele der Straßen im Zentrum sind Einbahnstraßen und die Straßenführung ist in dem Gewirr von Gassen sehr unübersichtlich. Da Parken oft einen Anwohner-Parkausweis erfordert, ist es sehr schwierig, einen Parkplatz zu finden. Parken sollte man deshalb am besten in Parkhäusern oder noch besser außerhalb des Zentrums und dann auf den ÖPNV umsteigen. Es gibt mehrere **Park-and-Ride-Plätze** in Aachen.

Seit 2016 gibt es auch in Aachen die **grüne Umweltzone.** Innerhalb des Außenrings dürfen Autos nur dann fahren, wenn sie die grüne Umweltplakette haben. Wer gegen die Regelung verstößt, muss 80 € Bußgeld bezahlen, plus 28,50 € für Auslagen und Gebühren. Punkte in Flensburg gibt es jedoch nicht. Genaue Infos erhält man unter www.aachen.de/umweltzone.

› **Park-and-Ride-Ticket** 5 € für bis zu 5 Personen: Damit kann man parken und innerhalb des Alleenrings, der sich um die Innenstadt zieht, Bus fahren. Infos unter: www.aachen.de/parkandride bzw. Fahrplanauskunft www.avv.de oder www.aseag.de, Tel. 16883040.

P140 [de] **Park+Ride Jülicher Straße/Berliner Ring,** 80 Plätze, Bus Nr. 1, 11, 16, 21, 46, 52 und SB11 ab Haltestelle Prager Ring zum Bushof/Elisenbrunnen 12, Fahrzeit 10 Min.

P141 [ce] **Park+Ride Tivoli,** Krefelder Straße, 1200 Plätze: Bus Nr. 51 ab Haltestelle Sportpark Soers bis zum Bushof (s. S. 126), Fahrzeit ca. 10 Min.

P142 [bf] **Park+Ride Westfriedhof,** Vaalser Straße, 179 Plätze, Bus Nr. 5, 25, 35, 45 und 55. Ab Haltestelle Westfriedhof zum Elisenbrunnen 12 /Bushof oder mit Bus Nr. 4 zum Marktplatz, Fahrzeit zum Bushof ca. 15 Min.

*Sowohl der ICE als auch der THALYS fahren den Hauptbahnhof Aachen an*

050aa Abb.: hg

Wer trotzdem mit dem Auto weiter in die Innenstadt fahren möchte, wird über die elektronischen Anzeigetafeln zu freien **Parkhäusern** geleitet. Hier folgen einige Parkhäuser, die von der APAG betrieben werden, Preise und Öffnungszeiten sind bei allen gleich:

› www.apag.de, Hotline 16885000, geöffnet: tgl. 24 Stunden, Tages-Tarif Mo.–Sa. 8–20 Uhr 1 €/30 Min., Abend-Tarif Mo.–Sa. 20–8 Uhr 1 Euro/60 Min. (max. 6 €), So./feiertags 8–8 Uhr am Folgetag 1 Euro/60 Min. (max. 6 €), 24-Stunden-Tarif max. 15 €, eine App informiert über freie Parkhäuser (s. S. 116).

P143 [E4] **Parkhaus Rathaus,** Mostardstraße 5

P144 [F4] **Parkhaus Couvenstraße,** Couvenstraße 4

# Barrierefreies Reisen

Die Tourist Info Elisenbrunnen (s. S. 115) bietet einen kostenlosen Stadtplan für Menschen mit Behinderungen. Eingezeichnet sind barrierefreie Bereiche sowie Wege mit starker Steigung oder Straßen mit problematischem Bodenbelag. Er informiert über öffentliche Gebäude bzw. Sehenswürdigkeiten, barrierefrei gestaltete **Toiletten** und Behindertenparkplätze.

Immer mehr Haltestellen in Aachen sind barrierefrei bzw. über Rampen und Aufzüge gut erreichbar. Bei einem Großteil der Busse handelt es sich um Niederflurfahrzeuge: Sie verfügen über Rampen und das Fahrzeug kann abgesenkt werden.

Barrierefreie Toiletten gibt es zum Beispiel am Elisenbrunnen/Hartmannstraße (24 Std. geöffnet), am Hauptbahnhof bei den Schließfächern (24 Std. geöffnet), im Dom 1 und im Rathaus 4 (tgl. 10–18 Uhr) sowie in vielen öffentlichen Gebäuden, beispielsweise der Stadtbibliothek.

Barrierefreie Zugänge weisen folgende Sehenswürdigkeiten auf: Rathaus 4, Dom 1, Domschatzkammer 2, Centre Charlemagne am Katschhof 3, Couven-Museum 6, Internationales Zeitungsmuseum 16, Theater Aachen (s. S. 83), Suermondt-Ludwig-Museum, Ludwig Forum 26, Elisenbrunnen 12, Haus Löwenstein und Abtei Burtscheid.

› „Stadtplan für Menschen mit Behinderung“: www.aachen.de/StadtplanMmB

**Sehbehinderte** können die äußere Form des Aachener Doms 1 ertasten. Eine Miniaturausgabe des Gebäudes befindet sich rechts vor dem Haupteingang des Doms.

051aa Abb.: ck

*Ein Miniatur-Dom zum Ertasten für Sehbehinderte*

## Diplomatische Vertretungen

- **Österreichisches Honorarkonsulat in Nordrhein-Westfalen,** Düsseldorf, Zollhof 8 (Eingang Besucher: Hammer Straße 17), Tel. 02118687270, www.honorarkonsul-duesseldorf.at, geöffnet: Mo./Di./Do. 9.30–12.30, Mi. 13.30–17.30, Mo. und Do. 10.30–12 Uhr zudem telefonische Service-Sprechstunde. Das Honorarkonsulat ist für Bürger Österreichs in ganz Nordrhein-Westfalen, und damit auch für Aachen, zuständig.
- **Schweizerisches Generalkonsulat,** www.eda.admin.ch (Suchbegriff: Frankfurt). Bei konsularischen Dienstleistungen ist das Generalkonsulat in Frankfurt für das Bundesland NRW, und damit für Aachen, zuständig: Mendelssohnstraße 87, 4. OG, 60325 Frankfurt a. M. Tel. 069 1700280.

## Informationsquellen

### Infostellen in der Stadt

**145** [E5] **Tourist Info Elisenbrunnen,** aachen tourist service e.V., Elisenbrunnen, Friedrich-Wilhelm-Platz, Tel. 0241 1802950, www.aachen-tourismus.de, geöffnet: Hauptsaison 1.4.–23.12. Mo.–Sa. 10–18, So. und feiertags 10–15 Uhr, das restliche Jahr Mo.–Fr. 10–18, Sa. 10–14 Uhr. In der Tourist Info des aachen tourist service e. V. sind Informationen zur Stadt Aachen erhältlich. Dort können auch Tickets für die Stadtführungen bzw. die Fahrten mit dem Hop-On-Hop-Off-Bus erworben werden. Eine große Anzahl kostenloser Broschüren liegt aus. Auch Souvenirs sind erhältlich.

**146** [de] **Fundbüro der ASEAG,** Neuköllner Straße 1, Tel. 0241 16883021, www.

## Aachen preiswert

- **CHIO-Museum/History-Tour** (s. S. 60), Eintritt frei
- Die **Museumscard „six for six"** gewährt Eintritt in die fünf städtischen Museen (Ludwig Forum 26, Suermondt-Ludwig-Museum, s. S. 63, Couven-Museum 6, Centre Charlemagne, s. S. 110, und Internationales Zeitungsmuseum 16) sowie in das Rathaus 4. Die Card kostet 14 €, erm. 10 €, und ist insgesamt 6 Monate gültig.
- **Museum: Kunsthaus NRW** (s. S. 62), Eintritt frei
- **Zollmuseum Friedrichs,** Eintritt frei am 1. und 3. So. im Monat zu den öffentlichen Führungen
- **Aachen (September) Special:** www.aachen.de (Suchbegriff: Special), kostenlose Open-Air-Konzerte auf den schönsten Plätzen der Altstadt an einem verlängerten Wochenende im August/September. Es treten regionale wie internationale Künstler verschiedener Musikrichtungen auf (s. S. 94).
- **Kunst im öffentlichen Raum** ist für Besucher kostenlos, aber deren Betrachtung hoffentlich nicht umsonst. Sehenswerte Kunst unter freiem Himmel (s. S. 65) findet man zuhauf im Garten des Ludwig Forums 26.

MEIN TIPP

### Täglich gut informiert

Im Newscafé **oronero** (s. S. 78) im Internationalen Zeitungsmuseum 16 gibt es eine Auswahl an deutschsprachigen Zeitungen, die man bei einer gemütlichen Tasse Kaffee lesen kann.

aseag.de, geöffnet: Mo.–Do. 8–12 und 12.30–15, Fr. 8–12 und 12.30–14 Uhr. Hier werden Fundsachen aus Bussen des öffentlichen Nahverkehrs gesammelt. Ist das Gesuchte nicht dort, kann man beim Fundbüro der Stadt Aachen weitersuchen.

- **Fundbüro der Stadt Aachen:** Tel. 0241 4323243

## Die Stadt im Internet

- **www.aachen.de:** offizielle Website der Stadt Aachen mit Informationen zur Stadt
- **www.aachen-tourismus.de:** Informationen zu Sehenswürdigkeiten, Unterkünften, Stadtrundfahrten und Angeboten
- **www.aseag.de:** Informationen zu allen Verbindungen und Fahrplänen im Nahverkehr. Die Busse der ASEAG fahren in Aachen.
- **www.avv.de:** Infos zu Verbindungen und Fahrplänen des Aachener Verkehrsverbundes (AVV)

## Publikationen und Medien

- **www.klenkes.de:** monatliches, kostenloses Stadtmagazin für Aachen und die Euregio, das mehr als 2000 Termine im Monat verzeichnet und Informationen zu allen Veranstaltungen, Aktionen und Sehenswertem bietet
- **www.aachener-zeitung.de:** Tageszeitung in Aachen (kurz AZ genannt)
- **www.aachener-nachrichten.de:** Bei den Aachener Nachrichten handelt es sich um eine eher links orientierte, der SPD nahe stehende Tageszeitung in Aachen (kurz AN genannt).
- **www.bad-aachen.de:** Das Magazin mit Informationen zu Aachen und einem Veranstaltungskalender erscheint monatlich und kann kostenlos heruntergeladen werden.

## Smartphone-Apps

- **movA:** Diese App der ASEAG ermöglicht die Buchung, Nutzung und Bezahlung von Bussen, Bahnen, E-Scootern, Fahrrädern, Autos und Taxis in Aachen und Umgebung (kostenlos für iOS und Android).
- **naveo:** Der Aachener Verkehrsverbund AVV bietet ebenfalls eine App für den Ticketkauf und aktuelle Informationen zu Bus und Bahn (kostenlos für iOS und Android). Ende 2023 sollen naveo und movA zu einer zentralen Mobilitäts-App unter dem Namen naveo zusammengeführt werden (Infos: www.aseag.de/naveo-app).
- **CHIO Aachen:** offizielle App zum Weltfest des Pferdesports, unter anderem mit aktuellen Nachrichten zum CHIO (s. S. 11), Service- und Programminformationen zum Besuch, animierten Parcours sowie Reiterbiographien (kostenlos für iOS und Android)
- **Parken in Aachen – APAG:** Die App zeigt in Echtzeit die Anzahl freier Parkplätze in den APAG-Parkhäusern an (kostenlos für Android und iOS). Zu jedem Parkhaus gibt es Tarif-, Auslastungs- und zusätzliche Serviceinformationen. Download unter: www.apag.de.

# Internet

Rund um Dom und Rathaus erhält man unter „**AACHEN Wifi**" ohne Anmeldung kostenlos 24 Stunden lang Zugang zum Internet. Aus der WLAN-Liste einfach „AACHEN Wifi" auswählen, die Geschäftsbedingungen mit einem Häkchen annehmen – fertig. Informationen finden sich auf den Seiten der Stadt Aachen unter: www.aachen.de/DE/stadt_buerger/politik_verwaltung/stadtseiten/aachen_wifi.

## Meine Literaturtipps

- **Stefan Weinfurter: Karl der Große,** Piper, München 2015, 2. Aufl., 352 Seiten. Der Mediävist hat viele Fakten über den König des Frankenreiches zusammengetragen, die er aber nicht wissenschaftlich trocken, sondern eher in leichter und gut zu lesender Art präsentiert. Wie war Karl der Große und wie hätte sich Europa ohne ihn entwickelt. Wer sich also näher mit dem Menschen Karl dem Großen beschäftigen möchte, findet hier eine informative Lektüre.
- **Thomas R.P. Mielke: Karl der Große,** Emons, Köln 2016, 2. Auflage, 688 Seiten. Ein historischer Roman über das Leben Karls des Großen. Die Erzählung beginnt, als Karl zwölf Jahre alt ist und begleitet ihn dann auf seinen verschiedenen Lebensetappen und endet mit seinem Tod. Mielke, ein ehemaliger Kreativdirektor einer Werbeagentur, bietet mit viel historischer Detailkenntnis einen umfangreichen Roman.
- **Ingo Palm/Stefanie Claßen: Das Aachen-Wimmelbuch,** Sieprath Druck Service, 2010. Dieses Wimmelbuch zeigt anhand vieler schöner Motive, was Aachen so interessant macht. Bekannte Persönlichkeiten wie Karl der Große oder renommierte Orte wie der Aachener Dom oder der Aachener Weihnachtsmarkt werden mit den vielen Details kombiniert, die eine Stadt anregend machen. In diesem Buch gibt es nicht nur für Kinder vieles zu entdecken.
- **Anke Kappler: Aachen-Quiz,** Grupello, 2017, 3. Auflage. Interessantes in spielerischer Form erfährt man bei dem Aachen-Quiz unter anderem über die Bereiche Geschichte, Architektur, Kunst, Sport und Brauchtum der Stadt. Hier kann jeder testen, was er schon über Aachen weiß.
- **Kurt Lehmkuhl: Printenprinz,** Gmeiner, 2013. Krimi um den pensionierten Kommissar Rudolf-Günther Böhnke, der in einem kleinen Dorf in der Eifel den Mord an einem renommierten Printenhersteller aus Aachen aufklären muss. Der Karneval spielt dabei eine große Rolle. Der Autor ist Redakteur beim Zeitungsverlag Aachen und hat bereits eine ganze Reihe von Kriminalromanen veröffentlicht.

# LGBT+

Queere Menschen finden in Aachen vielfältige Möglichkeiten der Freizeitgestaltung wie Veranstaltungen und Informationsstellen:

- **www.rosa-monat.de:** Terminkalender mit Veranstaltungen für die LGBT-Szene in Aachen

**147** [C3] **ahoi-club-Party im Apollo Kino,** Pontstr. 141, www.ahoi-club.de, geöffnet: Jeden 4. Freitag oder 5. Samstag in ungeraden Monaten gibt es die „erfreulich schwule Party“ in Aachen im Apollo Kino. Partybeginn ab 23 Uhr. Einmal im Monat findet auch die „Mr. ahoi Club“-Wahl statt.

•**148** [C4] **Queercafé – Schwulenprojekt an den Aachener Hochschulen,** Trichterstraße 14, Tel. 92138761 (erreichbar Mi. 16–18 Uhr), www.queerreferat-aachen.de, geöffnet: Mi. 16–18 Uhr. Im

Queerreferat der Aachener Hochschulen kann man neue Leute kennenlernen, sich informieren und in der Bibliothek schmökern. Das Referat bietet in unregelmäßigen Abständen (siehe Website) auch eine Sprechstunde. An Dienstagen gibt es abwechselnd Filme für queere Personen oder einen Spieleabend.

## Medizinische Versorgung

149 [E5] **Elisenbrunnen Apotheke,** Kapuzinergraben 1, Tel. 4757760, www.elisenbrunnen-apotheke.de, geöffnet: Mo.–Fr. 8–20, Sa. 10–18 Uhr

150 [C7] **Notaufnahme Luisenhospital,** Boxgraben 99, www.luisenhospital.de, Tel. 4142450

151 [af] **Uniklinik Aachen,** Pauwelsstr. 30, Bus Linie 3B (auf der gegenüberliegenden Straßenseite des Hauptbahnhofs an der Bushaltestelle H2 einsteigen, direkte Verbindung bis vor das Portal der Uniklinik), Tel. 800 bzw. 8084444, www.ukaachen.de. Die Uniklinik liegt im Westen von Aachen. Das Krankenhaus mit universitärer Maximalversorgung verfügt über 34 Kliniken, 25 Institute und fünf fachübergreifende Einheiten und deckt sämtliche medizinischen Bereiche, auch Zahnmedizin, ab.

## Mit Kindern unterwegs

152 [df] **Euregiozoo bzw. Aachener Tierpark,** Obere Drimbornstr. 44, Haltestelle: Tierpark, Bus 16, Tel. 59385, www.euregiozoo.de, geöffnet: 16. Febr.–28. Okt. 9–18.30 Uhr, 29. Okt.–15. Febr. 9–16.30 Uhr, Eintritt 7,50 €, Kinder/Jugendliche (3–17 Jahre) 3,70 €, Rentner und Studierende 6,20 € (nicht So./feiertags). 1966 eröffnete der Tierpark in Aachen, der „Öcher Zoo". Heute heißt er offiziell Euregiozoo. Besonders beliebt ist er bei Kindern. Auf knapp neun Hektar sind ca. 1000 Tiere zu sehen, die zu 200 Arten und Rassen gehören. Die Viel-

*Der Minigolfplatz im Stadtpark ist von April bis Oktober geöffnet*

052aa Abb.: hg

falt reicht von kleinen exotischen Vögeln bis hin zu Kamelen oder Geparden. Allein 70 verschiedene Arten an einheimischen Wasservögeln leben in und um den großen Beverbach-Stausee. Für Kinder gibt es besondere Angebote wie Ponyreiten oder Streichelzoo. Die Fütterungszeiten sind auf der Infotafel am Eingang oder im Gehege auf den Uhren angegeben. Weiterhin gibt es einen großen Spielplatz und beim Kiosk am Kinderbauernhof oder auf der Terrasse Snacks, Getränke, Kuchen (nur in der Hauptsaison von 16. Februar bis 28. Oktober).

› **Ferbers im Ferberpark.** Der bei Familien mit Kindern beliebte Ferberpark liegt in Burtscheid. Hier können Kinder toben, so viel sie wollen. Und so ist er eher eine Spielwiese für Kinder als eine Oase zum Erholen. Denn mitten im Park gibt es einen großen Spielplatz. Ebenfalls im Ferberpark liegt auch ein Café mit schöner Terrasse, das Ferbers (s. S. 76), das Frühstück, Kuchen, Pizza und Pasta anbietet. Eben alles, was auch Kinder mögen.

› **Labyrinth am Dreiländerpunkt** (s. S. 58): Ein Labyrinth aus Hecken, durch das man spazieren und dabei seine Orientierung auf die Probe stellen kann.

S153 [G2] **Minigolf im Stadtpark,** Monheimsallee, geöffnet: Mo. und Mi.–Sa. 13–19, So./feiertags 12–19 Uhr (April bis Oktober), Erwachsene 2,50 €, Kinder bis 16 Jahre 2 €. Minigolfanlage mitten im Grünen und Kiosk gleich nebenan für einen kleinen Imbiss.

› **Stadtpuppenbühne** „Öcher Schängche" (s. S. 81): Kinderstücke So. 15 Uhr. Für Kinder ab 5 Jahren. Stabpuppentheater für Große und Kleine – in Aachener Mundart. Wobei der Anteil an Aachener Mundart max. 40 Prozent bei den Kinderstücken beträgt. Informationen zum Programm auf der Website: www.oecher-schaengche.de.

› **Theater 99/Akut e. V.** (s. S. 81), Kulturprogramm der Aachener Kultur- und Theater-Initiative Akut, zu der sich verschiedene Gruppen zusammengeschlossen haben. Die Initiative organisiert u. a. „Sieh-mal-an", ein Festival für Grundschüler, oder die Schultheatertage. Genauere Infos auf der Website.

•154 [A6] **Westpark,** eine Oase für alle Erholung Suchenden und die sich sportlich betätigen möchten. Es gibt z. B. einen Fußballplatz, Tischtennisplatten und Spielplätze für Kinder.

› **Das Aachen-Wimmelbuch** (s. S. 117) ist die passende Reiseliteratur für Kinder.

# Notfälle

› **Allgemeiner Notruf:** Tel. 112
› **Ärztlicher Bereitschaftsdienst:** 116117
› **Polizei:** Tel. 110
› **Feuerwehr:** Tel. 112
› **Zahnärztlicher Notfalldienst:** Tel. 01805 986700
› **Apothekenauskunft (bundesweit) für Bereitschaftsdienst:** Tel. 0800 0022833
› **Apotheken-Notdienstsuche der Apothekerkammer Nordrhein:** www.aknr.de/notdienst
› **Ausweisverlust:** Wird Bürgern der Schweiz oder Österreichs der **Ausweis gestohlen,** muss dies bei der örtlichen Polizei und der nächsten diplomatischen Vertretung des Heimatlandes gemeldet werden, um einen Ersatzreiseausweis für die Rückkehr ausgestellt zu bekommen.

## Kartensperrung

Bei **Verlust der Debit-/Giro-, Kredit-** oder **SIM-Karte** gibt es für Kartensperrungen eine **deutsche Zentralnummer** (unbedingt vor der Reise klären, ob die eigene Bank bzw. der jeweilige Mobilfunkanbieter diesem

Notrufsystem angeschlossen ist). **Aber Achtung:** Mit der telefonischen Sperrung sind die Bezahlkarten zwar für die Bezahlung/Geldabhebung mit der PIN gesperrt, nicht jedoch für das **Lastschriftverfahren mit Unterschrift.** Man sollte daher auf jeden Fall den Verlust zusätzlich **bei der Polizei zur Anzeige bringen**, um gegebenenfalls auftretende Ansprüche zurückweisen zu können.

In **Österreich** und der **Schweiz** gibt es keine zentrale Sperrnummer, daher sollten sich Besitzer von in diesen Ländern ausgestellten Debit- oder Kreditkarten vor der Abreise bei ihrem Kreditinstitut über den zuständigen Sperrnotruf informieren.

Generell sollte man sich immer die **wichtigsten Daten** wie Kartennummer und Ausstellungsdatum **separat notieren**, da diese unter Umständen abgefragt werden.

› **Deutscher Sperrnotruf:** Tel. +49 116116 oder Tel. +49 3040504050
› **Weitere Infos:** www.kartensicherheit.de, www.sperr-notruf.de

## Öffnungszeiten

Die meisten **Kaufhäuser** und **größere Geschäfte** im Zentrum haben Mo.–Sa. bis 20 Uhr geöffnet, viele **kleinere Läden außerhalb des Stadtzentrums** nur bis 18 Uhr. Sonntags sind alle Geschäfte geschlossen, die Museen montags. Die Websites der Museen und Sehenswürdigkeiten informieren über Öffnungszeiten an Feiertagen.

## Post

✉155 [E6] **Hauptpost,** Kapuzinergraben 19, geöffnet: Mo.–Fr. 9–18, Sa. 9–14 Uhr

## Radfahren

Aachen ist zum Radfahren mit seinem gut ausgebauten Radwegesystem sehr geeignet. Seit 1995 ist die Stadt Mitglied in der „Arbeitsgemeinschaft Fahrradfreundlicher Städte und Kreise in NRW“ und hat ein Radwegenetz geschaffen, das ca. 399 Kilometer umfasst. Seit 2008 läuft die Kampagne **FahrRad in Aachen,** bei der beim Ausbau der Radwege Wert auf Sicherheit gelegt wird. Die Stadt hat in der Broschüre „Aachen(er)radeln“ die schönsten **Radtouren** seit 1995 zusammengestellt. Weitere Touren sind auf der Website angegeben, die man kostenlos herunterladen kann. Mit der Tour von 1998 z. B. kann man Aachen als Stadt des Wassers näher kennenlernen. Auf 18,5 km geht es überwiegend ebenerdig und auch für ungeübte Radfahrer geeignet an Bächen, heißen Quellen, dem Elisenbrunnen, dem alten Kurhaus und Burtscheid vorbei.

Mehr als 20 Touren sind seit 1995 erschienen und angegeben – mit Streckenverlauf, Schwierigkeitsgrad, Bushaltestellen und Einkehrmöglichkeiten. Die Touren führen nicht nur durch die Stadt, sondern eignen sich zudem sehr gut, um das Umland zu erkunden. Für Kinder geeignete Touren sind besonders gekennzeichnet. Jedes Jahr kommen neue dazu.

› **Infos zu den Touren:** www.aachen-tourismus.de/entdecken/wandern-fahrradfahren, www.aachen.de (Menü: Stadt/Bürger – Verkehr/Straße – clever mobil in Aachen – FahrRad in Aachen)

**Fahrräder leiht** man bei:

•156 [F7] **Radstation (WABe e. V.),** Bahnhofstraße 22, Tel. 99033216, geöffnet: Mo.–Fr. 5.30–22.30, Sa./So./feiertags 10–18.30 Uhr. 5 €/Kalendertag, 25 €/7 Tage, 80 €/Monat bzw. 30

Tage. Verleih von Damen-, Herren- und Kinderrädern.

Für die Entleihung von Fahrrädern ist die Hinterlegung einer Kaution von 50 € erforderlich. Zudem muss man für die Anmietung einen Personalausweis oder einen Identitätsnachweis mit Meldebestätigung mitbringen. Für Reparaturen gibt es eine Werkstatt der Wabe und des Diakonischen Netzwerks Aachen.

## Sicherheit

Aachen weist kein besonders hohes Gefahrenpotenzial auf. Es sind daher ähnliche Sicherheitstipps zu beherzigen, wie sie auch für andere größere deutsche Städte gelten. Man sollte vor allem in Menschenmengen gut auf seine Wertsachen aufpassen, denn wie überall treiben auch in Aachen Trick- und Taschendiebe ihr Unwesen. Autofahrer sollten keine Wertsachen im Wagen lassen (auch keine Navigationsgeräte), Radfahrer ihr Fortbewegungsmittel immer mit einem guten Schloss an Masten anketten. Aachen ist eine Studentenstadt. So kann es im Studentenviertel schon mal etwas lauter und lebhafter zugehen, besonders in der Nacht. Trotzdem passiert hier selten etwas.

**157** [D6] **Polizeiwache West,** Im Mariental 14, Tel. 957711111, http://aachen.polizei.nrw. Durchgängig besetzte Polizeiwache, zuständig für die Innenstadt sowie Burtscheid und Laurensberg.

## Sport und Erholung

Aachen ist die Stadt der **Thermen** und des Heilwassers. Besonders zwei Bademöglichkeiten sind zu empfehlen: entweder in historischem Ambiente oder modern.

**S158** [H2] **Carolus-Thermen,** Stadtgarten/Passstr. 79, Tel. 182740, www.carolus-thermen.de, geöffnet: tgl. 9–23 Uhr, eingeschränkt am 24./25.12., 31.12./1.1., Eintritt: Die Tarife variieren je nach

*In der Rotunde am Elisenbrunnen (12) kann jeder das Wasser der Kaiserquelle verkosten*

Aufenthaltsdauer (3,5–24 Std.), mit oder ohne Sauna, werktags oder Wochenende. Baden kostet z. B. bis 3,5 Std. Mo.–Fr. 14 €, Sa./So. 16 €. Mit Sauna Mo.–Fr. 30 €, Sa./So./feiertags 34 €. Die Carolus-Thermen bieten Bäder mit Wasser-Attraktionen, zwei Außenbecken mit warmem Mineral-Thermalwasser. Saunalandschaft mit z. B. baltischer Sauna und Dampfbad. Massagen und Wellnessbehandlungen sind ebenfalls möglich. Drei Gastronomiebetriebe stehen zur Verfügung.

S159 [E5] **Elisabethhalle,** Elisabethstr. 10, Tel. 4325216, www.aachen.de/de/kultur_freizeit/sport/schwimmbaeder/800_elisabethhalle.html, geöffnet: Mo. 6.30–18, Di./Do./Fr. 6.30–21, Mi. 12–20, Sa. 7–14 Uhr. In den Sommerferien geschlossen. Eintritt 3,50 €, ermäßigt 2,30 €, Kinder unter 6 Jahren in Begleitung eines Erwachsenen frei. Hier kann man in einer der schönsten Schwimmhallen überhaupt schwimmen, im historischen Ambiente der Elisabethhalle. Das nach der hl. Elisabeth von Thüringen benannte Jugendstilgebäude wirkt von außen eher bescheiden, doch innen ist es ein Juwel. 1911 wurde es nach Plänen des Aachener Architekten Josef Laurent errichtet und ist bis heute ein beliebtes Bad mit zwei Schwimmbecken.

## Stadttouren

› Tourist Info Elisenbrunnen, **aachen tourist service e. V.** (s. S. 115), www.aachen-tourismus.de/planen/fuehrungen. Die Altstadtführung auf Deutsch: ganzjährig Sa./So./feiertags 11 Uhr, in der Hauptsaison (1.4.–31.12.) zusätzlich Sa. 14 Uhr. Weitere Angebote sind Stadtrundfahrten, ein Abendbummel durch die Stadt und verschiedene Themenführungen (z. B. Morde und Missetaten, Süßes Aachen). Hier kann auch die City Tour gebucht werden. Die City Tour findet mit dem Doppeldecker-Cabriobus statt. Sie dauert ca. 2 Std. 15 Haltestellen werden angefahren, an denen man ein- und aussteigen kann, z. B. an der Uniklinik, die mit ihrem avantgardistischen Bau auf sich aufmerksam macht, oder am Dreiländerpunkt 31 bei Vaals. Tickets sind in der Tourist Info am Elisenbrunnen oder direkt beim Fahrer im Bus erhältlich. Die Touren finden Ende März–Oktober Fr.–So. dreimal täglich statt: 10.30, 13 und 15.30 Uhr, im November/Dezember Sa. 13 Uhr. Infos auch unter www.cityfahrten.de.

› **aixdrive Segway-Touren,** www.aixdrive.de. Die Touren finden täglich nach Absprache statt. Zuerst gibt es eine kurze Einführung in die Technik und eine kleine Probefahrt, dann geht es mit der Tour los. Im Angebot sind z. B. die Citytour, Lousbergtour oder Dreiländertour. Voraussetzungen zur Teilnahme ist ein Mindestalter von 15 Jahren und der Besitz einer gültigen Fahrerlaubnis (mind. Mofaführerschein).

› **City Tour im Doppeldecker,** Buchung über die Tourist Info Elisenbrunnen (s. S. 115) und deren Website oder www.cityfahrten.de

•160 [ce] **Hot Rod City Tour,** Feldstraße 38, Tel. 95291871, www.hotrod-aachen.de, Di.–Fr. 10–18 Uhr. In einem Hot Rod mit 13,6 PS Aachen und Umgebung entdecken: Fahrspaß für alle über 18 Jahre und mit Fahrerlaubnis Klasse 3/B und mit mind. 1,60 m und höchstens 2 m Körpergröße. Täglich geführte Touren: 1-Stunden-Tour 59 €, 2-Stunden-Tour 99 €.

•161 [C7] **Stadtbekannt & Co. Aachen,** Hubertusplatz 12, Tel. 8940789, www.stadtbekannt-aachen.de, Service: Mo. 13–16, Di./Mi./Fr. 10–13, Do. 13–17 Uhr. Führungen zu einer Vielzahl von Themen. Der Verein gehört zum

Forum Neue Städtetouren und bietet Führungen zu historischen und aktuellen gesellschaftlichen Themen z. B. „Karl der Große und die Wissenschaften“, „Nationalsozialismus in Aachen“ oder auch „Aachen und Europa“.

# Unterkunft

Aachen ist eine beliebte Stadt für Wochenendtrips und Kurzreisen. Normalerweise sind die Hotelpreise eher im mittleren Segment. Aber zu speziellen Ereignissen wie z. B. Heiligtumsfahrt, CHIO-Turnier oder Weihnachtsmarkt können die Preise recht hoch sein. Die günstigen Hotels sind dann bereits lange im Voraus ausgebucht. **Preiswerte Alternativen** sind Hostels, Jugendherbergen, Pensionen oder private Zimmer. Über das Internet lassen sich auch günstig Pensionen, Privatzimmer bzw. Appartements buchen.

› www.aachen-pension.de. Hier findet man Pensionen in und um Aachen, nach Lage bzw. Preis sortiert.
› Infos und Hotelbuchungen gibt es z. B. in der Tourist Info Elisenbrunnen, Tel. 1802950 oder 1802951, oder direkt auf der Website unter: www.aachen-tourismus.de/aufenthalt-planen/uebernachten.

### Preiskategorien Unterkünfte

Die angegebenen Preiskategorien beziehen sich auf Doppelzimmer inkl. Frühstück. Bei manchen Unterkünften kann Frühstück aber optional gewählt werden. Der Preis dafür ist dann extra angegeben.

| | |
|---|---|
| € | bis 80 € |
| €€ | 80 bis 150 € |
| €€€ | 150 bis 200 € |

## Hotels

**162** [cg] **Art Hotel Superior** €€€, Am Branderhof 101, Tel. 60970, www.art-hotel-superior.de, Leckeres Frühstück für 14 € pro Person. **Mit Wellnessbereich:** Hotel mit insgesamt 60 Zimmern inkl. 15 Appartements. Kunstwerke zieren die Lobby, das Restaurant und die geräumig sowie modern eingerichteten Zimmer. Nicht ganz zentral, dafür aber ruhig gelegen.

**163** [F6] **Bensons Hotel** €€, Bahnhofstr. 3, Tel. 16041100, www.bensons.de. **Kleines, persönliches Hotel:** Das Hotel liegt in der Nähe des Bahnhofs. Die eher einfachen Zimmer sind mit viel Liebe zum Detail ausgestattet. Insgesamt hat das Hotel 14 Zimmer, davon acht Doppelzimmer. Freundlicher Service und reichhaltiges Frühstück für zusätzlich 11,90 € pro Person.

**164** [E4] **Haus am Hühnerdieb** €€, Rommelsgasse 2–3, Tel. 936747, www.hausamhuehnerdieb.de. **Zentral und modern:** direkt am Hühnermarkt. Hinter der historischen Fassade befinden sich 11 modern gestaltete Zimmer. Das Boarding House ist kein klassisches Hotel. Die Buchung erfolgt über Internet oder Telefon. Es gibt keine Rezeption, sondern der Gast erhält vorab einen Zahlen-Code auf sein Handy, mit dem er das Zimmer öffnet. Es wird kein Frühstück geboten. Im Erdgeschoss des historischen Gebäudes liegt das italienische Restaurant Al Triangolo (s. S. 70).

**165** [E7] **Hotel am Marschiertor** €€, Wallstraße 1–7, Tel. 31941, www.hotel-marschiertor-aachen.de. **Haustiere erlaubt:** Zu Fuß nur einige Minuten von der Altstadt entfernt, steht dieses Hotel am Marschiertor. Es bietet 50 Zimmer, alle mit Dusche/WC sowie ein umfangreiches Frühstücksbüfett. Die Zimmer sind einfach, aber zweckmäßig einge-

067aa Abb.: hg

richtet. Gegenüber dem Hotel liegt ein Parkhaus.

166 [E4] **Hotel Aquis Grana** €€€, Buchkremerstraße/Büchel 32, Tel. 4430, www.hotel-aquis-grana.de. **Sehr gutes Frühstück:** Das Hotel steht direkt in der Altstadt und hat 98 Zimmer. Die Zimmer sind modern, in warmen Farben und mit edlem Holz eingerichtet. Verschiedene Kategorien vom Business-Zimmer bis hin zur Suite stehen zur Auswahl. Eine Bar steht rund um die Uhr zur Verfügung.

167 [cg] **Hotel Bismarckturm** €€, Monschauer Str. 44, Tel. 609000, www.restaurant-bismarckturm.de. **In grüner Lage:** Das Hotel befindet sich direkt am Aachener Wald und ist dennoch gut an die Autobahn oder durch öffentlichen Nahverkehr an die Aachener Altstadt angeschlossen. 20 Hotelzimmer. Das Hotel hat seinen Namen vom Bismarckturm, der sich in der Nähe des Hotels befindet.

168 [E4] **Hotel Drei Könige** €€, Büchel 5, Tel. 48393, www.h3k-aachen.de. **Hotel mit schöner Aussicht:** Zentraler kann man kaum wohnen. Ein eher unscheinbares Haus am Markt, direkt neben dem Rathaus gelegen. Das ehemalige Wohnhaus ist jetzt ein Hotel und erstreckt sich über drei Stockwerke. Insgesamt vier Appartments, 2 Suiten und sieben Einzel- bzw. Doppelzimmer stehen zur Verfügung. Sie sind unterschiedlich geschnitten und individuell eingerichtet. Gefrühstückt wird im vierten Stock mit einem schönen Blick über Aachen.

169 [H3] **Hotel Granus** €€, Passstraße 2a, Tel. 5156660, www.hotel-granus.de. **Kleines freundliches Familienhotel:** In der Nähe der Carolus-Thermen (s. S. 121) steht dieses inhabergeführte Hotel. Zwölf Räume, Nichtraucherhotel.

170 [E4] **Mercure Hotel Aachen am Dom** €€, Peterstr. 1, Tel. 18010, www.accorhotels.com. **Zentral gelegen:** 117 Zimmer bietet das Hotel, das nur einen Katzensprung vom Dom 1 entfernt ist. Untergebracht ist es in einem modernen Glasgebäude. Das Hotel gehört zu den Accor-Hotels. Haustiere gegen Aufpreis erlaubt.

171 [E5] **Motel One Aachen** €€, Kapuzinergraben 6–10, Tel. 9138960, www.motel-one.com. **Nur ein paar Gehminuten von der Innenstadt entfernt:** Das Design mit royalen Elementen und viel Gold in der Lobby ist speziell für

*Das Kurhotel Quellenhof wurde Anfang des 20. Jahrhunderts für die Prominenz gebaut*

Aachen konzipiert. Großes Frühstücksbüfett mit Bioprodukten und Fair-Trade-Kaffee (15,90 € pro Person). Haustiere willkommen.

172 [F2] **Pullman Aachen Quellenhof** €€€, Monheimsallee 52, Tel. 91320, www.parkhotel-quellenhof.de. **Mit Wellnessbereich:** Elegantes Hotel mit 183 Zimmern. Die neoklassizistische Fassade erinnert daran, dass es bereits Ende des 19. Jahrhunderts gebaut wurde. Hier stieg früher die Prominenz ab, wenn sie zur Kur verweilte. Doch hinter der Fassade ist das Hotel modern und komfortabel eingerichtet. Es ist am Alleenring gelegen, bei den neuen Kuranlagen und nahe beim Kongresszentrum Eurogress (s. S. 82). Entspannen kann man sich in einer Wellnesslandschaft mit Pool und Saunabereich.

## Jugendherberge/Hostel

173 [B6] **Hostel Aachen** €, Mauerstr. 116, Tel. 1633356813, www.hostel-aachen.de. Bushaltestelle: Lochnerstr. mit Bus 13A, 13B. Das Hostel verfügt über Schlafräume mit vier bis sieben Betten sowie einige Zweibett- und Einzelzimmer. Jedes der Zimmer ist unterschiedlich gestaltet, so gibt es z. B. ein Dschungel- oder Büffelzimmer. Die Waschräume befinden sich auf den Etagen. Es wird kein Frühstück geboten. Eine Küche steht jedoch für Selbstversorger zur Verfügung, ebenso ein Kühlschrank zur allgemeinen Nutzung. Das Hostel liegt einen knappen Kilometer vom Marktplatz entfernt, d. h. ca. 10 Min. zu Fuß, doch die Bushaltestelle Lochnerstraße liegt direkt vor dem Haus. Auch der Bahnhof Schanz befindet sich in der Nähe und das Hostel ist gut an die Autobahn angebunden. In der unmittelbaren Umgebung befinden sich viele Restaurants, Cafés und Imbissbuden. Der Westpark liegt nur ein paar Straßen weiter.

### Buchungsportale

Neben Buchungsportalen für **Hotels** (z. B. www.booking.com, www.hrs.de oder www.trivago.de) bzw. für **Hostels** (z. B. www.hostelworld.com) gibt es auch Anbieter, bei denen man **Privatunterkünfte** buchen kann. Portale wie www.airbnb.de, www.wimdu.de oder www.9flats.com vermitteln Wohnungen, Zimmer oder auch nur einen Schlafplatz auf einer Couch. Diese oft recht günstigen Übernachtungsmöglichkeiten sind nicht unumstritten, weil manchmal normale Wohnungen gewerblich missbraucht werden. Einige Städte greifen deshalb regulierend ein.

174 [bg] **Jugendherberge Aachen** €, Maria-Theresia-Allee 260, Haltestelle Ronheide, Bus 2, Tel. 711010, www.jugendherberge.de. Die durch einen Bus gut an den Hbf. angebundene Jugendherberge verfügt über insgesamt 55 Zimmer: Schlafräume für 2–5 Personen und 14 Zweibettzimmer (10 mit DU/WC) bzw. Familienzimmer. 8 Zimmer sind behindertengerecht ausgebaut. Im Familientagesraum fühlen sich auch Kinder in der extra für sie gestalteten Spielecke wohl. Im Speiseraum bzw. im Bistro mit Sonnenterrasse gibt es Büfett zum Frühstück, Mittagessen, Abendessen sowie nachmittags Kaffee und Kuchen. Auch ein Grillplatz ist vorhanden. Eine Selbstversorgerküche gibt es nicht. Durch einen Bus ab Hauptbahnhof (Bus 2, Haltestelle Ronheide) gut angebunden.

## Campingplätze

⚠175 [cg] **Platz für Camping Aachen** €, Branderhofer Weg 11, Burtscheid, Tel. 99000991, www.aachen-camping.de, ganzjährig geöffnet, 23 € pro Reisemobil/Caravan und Nacht, 47 Stellplätze mit Wasser- und Stromanschluss. Darin enthalten sind alle Kosten der Wasser- und Stromversorgung sowie Entsorgung. Der Campingplatz befindet sich im Stadtteil Burtscheid, nicht weit von der Autobahn entfernt. Durch Busse ist das Zentrum von Aachen leicht zu erreichen. Der Platz ist nicht für Dauercamper geeignet, die Nutzung ist auf 2 Nächte pro Aufenthalt beschränkt. Die einzelnen Parzellen haben eine Größe von bis zu 100 qm. Es gibt separate Entsorgungs- und Abfallstationen. Die Sanitäreinrichtung bietet Duschen, Toiletten, Wasch- und Außenspülbecken. Zudem gibt es einen behindertengerechten Sanitärraum. Morgens steht ein Brötchen- und Backwaren-Dienst mit Zeitungen und Zeitschriften zur Verfügung.

# Verkehrsmittel

## Bus

Für den öffentlichen Nahverkehr in Aachen ist der Aachener Verkehrsverbund (AVV) zuständig. Mit Bus und Bahn sind alle Stadt- und Außengebiete gut zu erreichen, wobei die gleichen Fahrkarten für beide Transportmittel gelten.

In der Stadt fahren Busse und keine Straßenbahnen. Die roten Busse verfügen meistens über eine eigene Spur. Die beiden zentralen Plätze des Verkehrssystems, an denen die meisten Busse halten, sind der Bushof und der Elisenbrunnen ⑫.

•176 [F4] **Bushof**, Kurhausstraße/Peterstraße. Die meisten Busse fahren in der Kurhausstraße los, einige wenige in der Peterstraße. Infos: https://avv.de/de/linienfahrplaene.

*Mit Bussen sind alle Stadt- und Außengebiete gut zu erreichen*

### Tickets in Aachen

(Stand: Frühjahr 2023)

- **Einzel-Ticket** (Preisstufe 1, innerhalb von Aachen 90 Min.): 3 € (Erwachsene), 1,50 € (Kinder unter 15 Jahren)
- **4-Fahrten-Ticket:** 12 € (Erwachsene), 6 € (Kinder unter 15 Jahren)
- **Kurzstrecke K** (für 4 Haltestellen, max. 2 km): 1,80 € (Erwachsene), 1 € (Kinder unter 15 Jahren)
- **Tagesticket** für 1 Person (ganztägig) in Aachen: 8,40 €
- **Minigruppen-Ticket** für bis zu 5 Personen (ab Entwertung für 24 Stunden gültig), Preisstufe 1: 12 €
- **Welcome-Ticket:** 17,50 € (gültig an drei aufeinanderfolgenden Kalendertagen in einer Stadt)

**Tickets** kauft man an den Fahrkartenautomaten der Haltestellen oder in den Kundencentern des Aachener Verkehrsverbunds. Im Bus kann ein Ticket beim Fahrer erworben werden. Mithilfe der App naveo (https://naveo-app.de, s. S. 116) lässt sich die Fahrkarte auch aufs Handy laden. Die Tickets müssen in den Bussen entwertet werden. Es gibt Einzel-Tickets, 4-Fahrten-Tickets, Tages-Tickets und Minigruppen-Tickets. Mit dem Tagesticket, gültig für einen Kalendertag, kann eine Person so viele Fahrten machen, wie sie möchte. Mit dem **Minigruppen-Ticket** können bis zu fünf Personen fahren – an einem Kalendertag. Mo.–Fr. ab 9 Uhr, Sa./So./feiertags ganztägig gültig.

Zum Gebiet des Aachener Verkehrsverbunds gehören die Städte-Region Aachen sowie die Kreise Düren und Heinsberg. Der AVV-Verbundtarif gilt in allen Buslinien sowie Nahverkehrszügen. Es gibt vier Preisstufen im gesamten Verbundbereich. Preisstufe 1 gilt für eine Fahrt innerhalb einer Stadt, d. h. also für Aachen in der gesamten Stadt (max. 90 Min. darf die Fahrt dauern). Ein Kurzstrecken-Ticket ist nach Einstieg vier Haltestellen und ohne Umsteigen gültig. An den Haltestellen-Aushängen sind die jeweiligen Stationen für den Kurzstreckenbereich angegeben. Das **Welcome-Ticket** ist an drei aufeinanderfolgenden Tagen in einer Stadt/Gemeinde gültig.

Wer die Region erkunden will, kann das **Euregio-Ticket** erwerben. Es ist im Bereich Euregio-Maas-Rhein für beliebig viele Fahrten innerhalb eines Kalendertages gültig.

- **Euregio-Ticket:** Mo.–Fr. für eine Person, Sa./So./feiertags (D, B, NL) für 2 Erwachsene und 3 Kinder unter 12 Jahren gültig. Kinder unter 6 Jahren müssen grundsätzlich nichts zahlen. Preis: 20 €.

ℹ177 [F4] **ASEAG Kunden-Center am Bushof,** Schumacherstr. 14/Ecke Peterstraße, Tel. 16883040 (Tickets, Preise), Tel. 16881 (Fahrplanauskunft), www.aseag.de, www.avv.de, geöffnet: Mo.–Fr. 7.30–18 Uhr, erster und letzter Sa. im Monat 8.30–14 Uhr. Im Kunden-Center des öffentlichen Nahverkehrs gibt es Infos zu den verschiedenen Tickets.

Zum Ausgehen am Abend gibt es zur Fortbewegung in den Nächten von Fr. auf Sa. und von Sa. auf So. sowie vor Feiertagen in Aachen die **Nachtexpresslinien**, die verschiedene Bereiche in Aachen abdecken: N1–N9. Sie fahren am Elisenbrunnen und am Bushof (s. S. 126) ab. Abfahrt jeweils ab Bushof oder Elisenbrunnen je nach Buslinie um 1.30 bzw. 1.32, 2.30 bzw. 2.32, 3.30 bzw. 3.32 Uhr.

- https://avv.de/de/fahrplaene/nachtverkehr

## Taxi

Taxis findet man in Aachen wie überall sonst auch an den **zentralen Plätzen** oder man kann sie auf der Straße **heranwinken.**

› Tel. 34441, 66666 oder 22222

# Wetter und Reisezeit

Aachen gehört zur gemäßigten Klimazone. Die Region weist ein ozeanisches Klima auf, d. h. es gibt relativ viele Niederschläge und die Temperaturen sind ausgeglichen. Die Winter sind eher mild und liegen nur selten unter 0 °C. Im Sommer beträgt die durchschnittliche Tageshöchsttemperatur um die 25 °C. Durch die Lage nördlich der Eifel kommt es zum Auftreten von Föhn.

Die Stadt hat zu jeder Jahreszeit etwas zu bieten. Im Februar/März findet der **Karneval** statt. **Ab Mitte April** beginnt dann die **Hauptreisezeit,** die bis Ende Oktober geht. Es gibt während dieser Zeit zahlreiche kulturelle Veranstaltungen und in der Vorweihnachtszeit (ab Mitte November) lockt der Weihnachtsmarkt wieder viele Besucher in die Stadt.

Auf dem städtischen Verwaltungsgebäude am Bahnhof steht seit 1956 eine **Wettersäule.** Bei Dunkelheit zeigen 180 Leuchtröhren in drei Farben das Wetter für den darauffolgenden Tag an. Die Säule selbst ist elf Meter hoch, zusammen mit dem Verwaltungsgebäude kommt sie auf über 40 Meter Gesamthöhe. So manchen neuen Besucher der Stadt hat sie schon überrascht. Nicht wenige halten sie für ein Kunstwerk. Auf einem Schaft thront eine Kugel wie eine Krone. Der Schaft zeigt steigendes Licht, wenn die Temperaturen steigen, fallendes, wenn die Temperaturen sinken. Bei den meisten ist vor allem das blaue Licht beliebt – dann wird es heiter bis wolkig und trocken. Gelbes Licht steht für bewölkt ohne Niederschlag. Ein Regenschirm ist bei weißem Licht notwendig, da Niederschläge, Regen oder Schnee erwartet werden.

*Im rechten Löwenkopf der Domtüren soll der Legende nach der Daumen des Teufels stecken* *(s. S. 22)*

**Wetter in Aachen**

| Durchschnitt | Jan | Febr | März | Apr | Mai | Juni | Juli | Aug | Sept | Okt | Nov | Dez |
|---|---|---|---|---|---|---|---|---|---|---|---|---|
| Maximale Temperatur | 4° | 6° | 9° | 13° | 17° | 20° | 22° | 22° | 19° | 15° | 9° | 5° |
| Minimale Temperatur | −1° | −1° | 2° | 4° | 8° | 11° | 12° | 12° | 10° | 7° | 3° | 0° |
| Regentage | 13 | 10 | 12 | 11 | 11 | 11 | 10 | 10 | 9 | 9 | 12 | 13 |

054aa Abb.: ©erikdegraaf, stock.adobe.com

# Sprachhilfe Öcher Platt

Öcher Platt ist der Dialekt, der lange Zeit von den Aachenern gesprochen wurde, inzwischen aber nur noch wenigen Alteingesessenen bekannt ist. Für die meisten ist er kaum mehr verständlich. Nur an Karneval werden gern Büttenreden und Lieder in Öcher Platt vorgetragen. Der Dialekt geht auf die ripuarische Sprache zurück, eine nordmittelfränkische Dialektgruppe, und gehört zu den drei großen sogenannten rheinischen Sprachgruppen. Einige Vereine engagieren sich für den Erhalt des Öcher Platt:

- www.oecher-platt.de
- www.paulssen.org
- 7uhr15.blog.de/tags/öcher-platt

## Typisch Aachen

| | |
|---|---|
| *Öcher* | Aachener (sprich: Öscher) |
| *Öcher Platt* | Aachener Dialekt |
| *Oche* | Aachen |
| *Eäzekomp* | Karlsbrunnen |
| *Frittezang* | Pommesgabel |
| *Käjser Kaal* | Kaiser Karl |
| *Klenkes* | Kleiner Finger; typischer Gruß in Aachen, Skulptur |
| *Mösch* | Spatz; es gibt in Aachen den Möschebrunnen |

## Alltagssprache

| | |
|---|---|
| *Adieda* | Tschüss |
| *Tschö* | Tschüss |
| *Merssi* | Danke |
| *Dubbele merssi* | Vielen Dank |

## Essen und Trinken

| | |
|---|---|
| *Appel* | Apfel |
| *Appeltaat* | Apfeltorte |
| *Bierche* | ein Bier |
| *Bruet* | Brot |
| *Ej* | Ei |
| *Erdäppele* | Kartoffeln |
| *Flam* | Fladen |
| *Kappes* | Weisskraut |
| *Klömpchen* | Bonbons |
| *Klore* | Klarer (Schnaps) |
| *Kompes* | Sauerkraut |
| *Kürsche* | Kirsche |
| *Kum Kummere* | Gurke |
| *Meelich* | Milch |
| *Plüüschprumm* | Pfirsich |
| *Poschweck* | süßes Osterbrot aus Hefe |
| *Pruum* | Pflaume |
| *Puttes* | Blutwurst |
| *Schwellmann* | Pellkartoffel |
| *Taat* | Torte |
| *Zupp* | Suppe |
| *drenke* | trinken |
| *ejße* | essen |

## Körper

| | |
|---|---|
| *Foss, Fösse* | Fuß, Füße |
| *Halsping* | Halsschmerzen |
| *Hank* | Hand |
| *Hazz* | Herz |
| *Hoore* | Haare |
| *Knejje* | Knie |
| *Knuvvele* | Finger |
| *Kopp* | Kopf |
| *Mull* | Mund |
| *Schlabbermull* | Vielredner |
| *Nas* | Nase |
| *Oue* | Augen |
| *Uhre* | Ohren |
| *Zäng* | Zähne |

## Ausrufe

| | |
|---|---|
| *Au Banan* | Ausruf des Erstaunens |
| *Au huur* | Bekräftigung, Erstaunen, Ausruf (für fast alle Fälle) |
| *Heusch!* | Langsam! Ruhig! |
| *Och här(r)m* | Ausdruck des Bedauerns |
| *Zapperluet* | Verflucht |

### Feiern

| | |
|---|---|
| *Amüsemang* | Amüsieren |
| *Pläsier* | Vergnügen |
| *Festäng* | Fest |
| *pratschjeck* | total ausgelassen |
| *Prenz* | Prinz |
| *Prenzenjarde* | Prinzengarde |
| *Fasteleär* | Karneval |
| *Fastelovvend* | Karneval |
| *fiere* | feiern |

### Zeit(angaben)

| | |
|---|---|
| *Daag* | Tag |
| *Johr* | Jahr |
| *Stond* | Stunde |
| *Wejch* | Woche |
| *Zitt* | Zeit |
| *bau* | bald |
| *morje* | morgen |
| *ömmer* | immer |

### Wichtige Verben

| | |
|---|---|
| *been, ben* | bin |
| *blive* | bleiben |
| *hant* | haben |
| *leäs* | lesen |
| *leäve* | lesen |
| *liere* | lernen |
| *losse* | lassen |
| *kapiere* | verstehen |
| *mache* | machen |
| *ongerbrejche* | unterbrechen |
| *parliere* | sprechen |
| *piife* | rauchen |
| *röppschs* | rülpsen |
| *schwabbele* | (viel) reden |
| *verlüse* | verlieren |
| *wesse* | wissen |

### Ausdrücke

| | |
|---|---|
| *Dat trekt hü atworm.* | Das zieht heute wieder. |
| *Jecke Verzäll!* | Dummes Gerede! |
| *Jibbet nich!* | Gibt es nicht! |
| *Mach dor Kopp zu!* | Sei still! |
| *Prentekopp* | Printenkopf (Idiot) |
| *Tuppes* | Bekloppte |

### Personen

| | |
|---|---|
| *Besöck* | Besuch, Gast |
| *Frönnd* | Freund |
| *Jong* | Junge |
| *Kenk* | Kind |
| *Leckerschen* | hübsches Mädchen |
| *Lü* | Leute |
| *Modder* | Mutter |
| *Oes* | Mensch |
| *Vadder* | Vater |

### Adjektive

| | |
|---|---|
| *jruss* | groß |
| *kleng* | klein |
| *alleng* | allein |
| *au* | alt |
| *joot* | gut |
| *löstelij* | lustig |
| *nöi* | neu |
| *orrejenaal* | original |
| *roesetig* | gemütlich |
| *schönn* | schön |

### Stadt

| | |
|---|---|
| *Börjermeäster* | Bürgermeister |
| *Bronne* | Brunnen |
| *Huus* | Haus |
| *Kerch* | Kirche |
| *Long Wajong* | Doppelgelenkbus |
| *Nobber* | Nachbar |
| *Pläii* | Platz |
| *Pulіß* | Polizist |
| *Stadthuus* | Rathaus |
| *Stroeß* | Straße |
| *Trottewaar* | Bürgersteig |
| *Thiek* | Theke |
| *Weetschaff* | Kneipe, Gastwirtschaft |
| *Wiiet* | Wirt |

### Alltagsleben

| | |
|---|---|
| *Arbejder* | Arbeiter |
| *Ärjer* | Ärger |
| *Beroff* | Beruf |
| *Jeld* | Geld |
| *hömmele Jeld* | viel Geld |
| *Paraplü* | Regenschirm |
| *Ziedongk* | Zeitung |

REISE
KNOW-HOW
@ReiseKnowHow
@reiseknowhowverlag
@Reise_KnowHow
auf www.reise-know-how.de
für den Newsletter anmelden
Zugspitze, Foto: Aneta Niemitz
Landkarten | KulturSchock | Wanderführer | ReiseSplitter

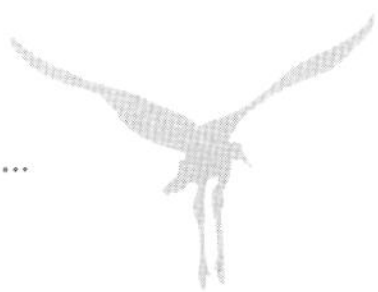

# Register

## Impressum

Christine Krieb

**CityTrip Aachen**



**5., neu bearbeitete und aktualisierte Auflage 2023**



**ISBN 978-3-8317-3753-6**

Printed in Germany

**Druck und Bindung:**
mediaprint solutions GmbH, Paderborn

**Herausgeber:** Klaus Werner
**Layout:** amundo media GmbH (Umschlag, Inhalt), Peter Rump (Umschlag)
**Lektorat:** amundo media GmbH
**Karten:** Ingenieurbüro K. Wendler, amundo media GmbH
**Anzeigenvertrieb:** KV Kommunalverlag GmbH & Co. KG, Alte Landstraße 23, 85521 Ottobrunn, Tel. 089 928096-0, info@kommunal-verlag.de
**Kontakt:** Osnabrücker Str. 79, 33649 Bielefeld, info@reise-know-how.de

Alle Angaben in diesem Buch sind gewissenhaft geprüft. Preise, Öffnungszeiten usw. können sich jedoch schnell ändern. Für eventuelle Fehler übernehmen Verlag wie Autorin keine Haftung.

### Bildnachweis

Umschlagvorderseite: ©Sina Ettmer, stock.adobe.com | Umschlagrückseite: ©engel.ac, stock.adobe.com | Umschlagklappe rechts: Christine Krieb

Soweit ihre Namen nicht vollständig am Bild vermerkt sind, stehen die Kürzel an den Abbildungen für die folgenden Fotografen, Firmen und Einrichtungen. Christine Krieb: ck | Helge Gritzke: hg

# Liste der Karteneinträge

Hier nicht aufgeführte Nummern liegen außerhalb der abgebildeten Karten. Ihre Lage kann aber wie die von allen Ortsmarken im Buch mithilfe der Web-App angezeigt werden (s. S. 144).

# Aachen mit PC, Smartphone & Co.

QR-Code auf dem Umschlag scannen oder **www.reise-know-how.de/citytrip/aachen23** eingeben und die **kostenlose Web-App** aufrufen (Internetverbindung zur Nutzung nötig)!

★**Anzeige der Lage und Satellitenansicht aller** beschriebenen Sehenswürdigkeiten und weiteren Orte
★**Routenführung** vom aktuellen Standort zum gewünschten Ziel
★**Exakter Verlauf** des empfohlenen Stadtspaziergangs
★**Updates** nach Redaktionsschluss

## GPS-Daten zum Download

Die GPS-Daten aller Ortsmarken und des Spaziergangs stehen auf der Produktseite des Titels auf www.reise-know-how.de zum Download zur Verfügung.

## Stadtplan für mobile Geräte

Um den Stadtplan auf Smartphones und Tablets zu nutzen, empfehlen wir die App „Avenza Maps" der Firma Avenza™. Über die Funktion „Store" kann die „Citymap Aachen 2023" kostenlos geladen werden.

---

Die Information über und die Bereitstellung von digitalen Zusatzinhalten (z. B. Web-App, Links, GPS-Tracks o. Ä.) ist eine freiwillige Zusatzleistung des Verlages, auf die kein Anspruch besteht und für deren Richtigkeit aufgrund der Veränderlichkeit solcher Informationen auch nicht gehaftet werden kann. Insbesondere behält sich der Verlag deshalb vor, die Bereitstellung und die Zugriffsmöglichkeit zeitlich zu befristen und den Zugriff hierauf auch vorfristig abzuschalten.

## Zeichenerklärung

Hauptsehenswürdigkeit

Bar, Club, Treffpunkt
Bibliothek
Biergarten, Pub, Kneipe
Café
Denkmal
Galerie
Geschäft, Kaufhaus, Markt
Hotel, Unterkunft
Hallenbad
Imbiss, Bistro
Informationsstelle
Jugendherberge, Hostel
Kirche
Krankenhaus, Arzt
Moschee
Museum
Musikszene, Disco
Parkplatz
Polizei
Post
Restaurant
★ Sehenswertes
Sport-/Spieleinrichtung
Sonstiges
Synagoge
Theater
Weinlokal
Vegetarisch
Zeltplatz

Shoppingareal
Gastro- und Nightlife-Areal
Stadtspaziergang (s. S. 14)

## Bewertung der Sehenswürdigkeiten

★★★ nicht verpassen
★★ besonders sehenswert
★ wichtig für speziell interessierte Besucher